U0664021

高质量党建引领立德树人

邓跃茂 —— 著

人民出版社

责任编辑:郭星儿

封面设计:汪　莹

图书在版编目(CIP)数据

高质量党建引领立德树人/邓跃茂 著. —北京:人民出版社,
　2021.7

ISBN 978－7－01－023600－1

Ⅰ.①高…　Ⅱ.①邓…　Ⅲ.①中国共产党-中小学-党的建设-
研究　Ⅳ.①D267.6

中国版本图书馆 CIP 数据核字(2021)第 139696 号

高质量党建引领立德树人

GAOZHILIANG DANGJIAN YINLING LIDE SHUREN

邓跃茂　著

人民出版社 出版发行

(100706　北京市东城区隆福寺街 99 号)

北京中科印刷有限公司印刷　新华书店经销

2021 年 7 月第 1 版　2021 年 7 月北京第 1 次印刷
开本:880 毫米×1230 毫米 1/32　印张:8.375
字数:203 千字

ISBN 978－7－01－023600－1　定价:45.80 元

邮购地址 100706　北京市东城区隆福寺街 99 号
人民东方图书销售中心　电话 (010)65250042　65289539

版权所有·侵权必究
凡购买本社图书,如有印制质量问题,我社负责调换。
服务电话:(010)65250042

人大附中朝阳学校党总支书记　邓跃茂

人大附中朝阳学校"七一"表彰大会

人大附中朝阳学校党员活动日

目 录

序 言

　　我与跃茂同志认识很多年，知道他是中小学教育领域的知名专家，不仅如此，他也是中小学校党建领域有很大影响力的专家。对于那些在实践一线且热爱理论研究的研究人员，我是抱有敬佩之心的，他们的确不容易。因此，给跃茂同志的新著《高质量党建引领立德树人》写序，是我欣然接受的。然而，毕竟我不擅长中小学教育工作，内心甚是诚惶诚恐，担心讲得不够专业。好在，我们都读过中小学，我也曾经有过 5 年担任中小学教师的经历，所以大胆对本书谈几点感想。

　　本书探讨了一个非常重要的话题：如何以高质量党建引领中小学立德树人。党的十八大以来，中国特色社会主义进入新时代。2021 年我国进入全面建设社会主义现代化国家，向第二个百年奋斗目标进军的新发展阶段，2035 年我国将实现文化强国、教育强国、人才强国、体育强国和健康中国的文化建设目标，《中共中央关于制定国民经济和社会发展第十四个五年规划和二〇三五年远景目标的建议》明确将建设高质量教育体系作为今后五年推进我国教育工作的战略目标。我理解，在党的领导下，在全体教育工作者共同努力下，中国的教育工作必然阔步迈向新征程，迎来新的更大辉煌。

高质量党建引领立德树人

立德树人是我国教育工作的根本任务，当然也是中小学教育的根本任务。万丈高楼平地起，落实立德树人根本任务当然离不开高质量党建的引领。正如作者在本书导论中强调："中小学办学在哪里，党建就在哪里，师生在哪里，党建就在哪里。""中小学校是党的基层组织建设的重要领域，加强中小学校党建工作是党的基层组织建设中的一项重要任务。加强党的建设，是中小学实现良性发展的'红色引擎'，不仅指引方向，而且凝心聚力、提供保障。"如果说党建工作是做人的工作，那么学校工作的中心任务就是培养人，党建工作从中小学抓起，就是从娃娃抓起。与此同时，中小学校党员集中了优秀教师的代表，培养一支具有较高政治素质和较高专业化水平的教师队伍，毫无疑问是培养能够担当民族复兴大任的时代新人的前提条件。如此看来，学校党建工作具有重大意义，而中小学校党建工作更具有特殊战略意义。

我同意作者在本书中列出的事实：一段时期以来，中小学校党建工作还存在着不少共性问题。比如，党组织的领导作用被淡化、弱化，对党建工作的作用不了解、不重视，学校党务工作不系统、不规范，中小学校党建实践中存在一定的形式主义，等等。不破解这些难题，不利于培养一大批优秀的社会主义建设者和接班人，不利于培养一大批能够担当民族复兴大任的时代新人。

党的十八大以来，习近平总书记坚持一切工作都从党的领导开局，把落脚点放在党的建设上，并把这个治党治国思路贯彻到各项工作中去。以党的领导把方向，党的建设给力量；以党的领导谋全局，党的建设促定局。这条规律适用于党领导的一切工作，当然也包含教育工作。教育工作首先要严格贯彻落实党的教育方针，明确人民教育的目标和方向，而把教育方针更好地贯彻下去，离不开党的建设力量的推动。

高质量党建引领立德树人的关键在引领。跃茂同志新著以抓党建为"引擎"，集中研究了"引领什么、如何引领"这个核心问题，归纳总结了堡垒型、灯塔型、崇德型、学习型、创新型、服务型、枢纽型、廉洁型、规范型党组织，具有创意，也具有指导和示范意义。这些党组织类型的提出，不是纸上谈兵，也不是简单的文献推导，而是跃茂同志和他的同事长期在人大附中和人大附中朝阳学校反复探索和实践的成果，有成熟的经验作基础，接地气，具有很强的可操作性。

初步读完跃茂同志的书稿，我看到了以跃茂同志为代表的一大批教育管理者和实践者热爱教育、献身教育的情怀。有了这份情怀，才会有孺子牛、老黄牛、拓荒牛的精神，才会有一大批中国的教育工作者为不断攀登中国教育新高峰不懈奋斗、孜孜以求。

跃茂同志担任中国人民大学附属中学朝阳学校的党总支书记，平时工作很忙，仍然抽出时间作研究，能够写出这本有特色、有深度的党建著作，实属不易。在众多基层党建研究的文献中，农村、社区、国企、机关、高校、军队、非公党建等研究文献相对较多，而医疗卫生、中小学领域则相对较少。一定程度上，这本书为中小学校党建研究增加了分量，代表了这个领域的前沿。对我而言，能够进入到我不熟悉的党建领域，自然很开心，很愿意为本书作序。毕竟，我离开中小学教育工作岗位已经快 30 年了，但愿我的点评能够说到点子上。

以上思考，与跃茂同志及各位读者朋友共勉，是为序。

祝录君

2021 年 4 月于北京

导　论
激发"红色引擎"　赋能"百年大计"

十年树木，百年树人。百年大计，教育为本。

2020年9月，习近平总书记代表党中央向全国广大教师和教育工作者致以教师节的祝贺和慰问。他强调，希望广大教师不忘立德树人初心，牢记为党育人、为国育才使命，积极探索新时代教育教学方法，不断提升教书育人本领，为培养德智体美劳全面发展的社会主义建设者和接班人作出新的更大贡献。党的十九届五中全会指出，要全面贯彻党的教育方针，坚持立德树人。新形势下，我们要从党和国家事业发展全局的高度，落实立德树人根本任务，推进中小学教育事业发展同实现高质量发展相适应，培养担当民族复兴大任的时代新人。

一、新发展阶段中小学教育的重要使命

"十四五"时期是我国全面建成小康社会、实现第一个百年奋斗目标之后，乘势而上开启全面建设社会主义现代化国家新征程、向第二个百年奋斗目标进军的第一个五年，我国已入新发展阶段。面对新的历史方位，党的十九届五中全会对未来五年乃至2035年教育工作作出了重大部署，提出了"建设高质量教育体系"的明确要求。

高质量发展原本是发展经济学的核心概念。中国经济由高速增长阶段转向高质量发展阶段，这是一种发展范式的重大转型。从表面来看，教育高质量发展是经济社会发展新模式、新理念在教育领域的渗透与延伸。从内在逻辑来看，教育高质量发展是社会整体高质量发展的题中应有之义。同时，教育事业有其自身的内在逻辑，追求质量始终是教育发展的核心主线，教育质量一向是学校、家长、社会公众的热烈关切。我国已转向高质量发展阶段，这是我国经济社会发展的国情。教育高质量发展，既是高质量发展的时代精神在教育系统的创新概念表征，更是教育系统对于社会公众所要求的优质教育和更多教育获得感的现实回应。①

中小学阶段是孩子们身心发育、增长知识和认识社会的"抽穗期"。中小学教育是国民教育体系的"夯实地基"阶段，担负着培养德智体美劳全面发展的社会主义建设者和接班人的重要使命。党的十八大以来，我国教育领域的综合改革逐渐深入、成效颇丰。进入新发展阶段，中小学教育改革如何深化，如何为经济社会转型升级提供强有力的人才支撑，是对中小学教育提出的"时代之问"，是我们必须思考和解决好的问题。

"十四五"时期，我国教育进入高质量发展阶段。教育改革发展的外部环境和宏观政策环境已经发生深刻变化，面临的新形势、新阶段、新理念、新格局、新目标、新要求，给教育提出了五个方面的需求：新时代坚持和发展中国特色社会主义，全面贯彻党的教育方针，落实立德树人根本任务，这是对教育的政治需求。面对14亿人口，举办世界最大规模的教育，这是对教育量

① 张新平、佘林茂：《对教育高质量发展的三重理解》，《中国教育报》2021年3月18日。

的需求。推进现代化、构建双循环格局、推动高质量发展，这是对教育质的需求。实现中华民族伟大复兴，推动中华文化传承与创新，这是对教育的文化需求。从发展中大国走近世界舞台中央、打造核心竞争力，这是对教育的结构需求。可以说，这五个需求对新发展阶段的中小学教育具有战略指导意义，也集中体现了当前和今后一个时期中小学教育工作的重要使命。

二、中小学校旗帜鲜明抓党建的重大意义

中小学校是党的基层组织建设的重要领域，加强中小学校党建工作是党的基层组织建设中一项重要任务。加强党的建设，是中小学校实现良性发展的"红色引擎"，不仅指引方向，而且凝心聚力、提供保障。进入新发展阶段，中小学校旗帜鲜明抓党建，对于全面贯彻党的教育方针、保证社会主义办学方向、落实立德树人根本任务、办好人民满意的教育，具有重要意义。

第一，中小学校旗帜鲜明抓党建，是培养中国特色社会主义建设者和接班人的根本保障。习近平总书记强调，"培养社会主义建设者和接班人，是我们党的教育方针，是我国各级各类学校的共同使命"①。让"培养社会主义建设者和接班人"的根本任务落地生根，迫切要求加强和改进中小学校党的建设。通过旗帜鲜明抓党建，牢牢把握党对中小学教育的领导权，确保教学工作正确政治方向，不折不扣落实党的教育方针，真正把立德树人根本任务落到实处。

---

① 习近平：《在北京大学师生座谈会上的讲话》，人民出版社 2018 年版，第 5 页。

第二，中小学校旗帜鲜明抓党建，是基层党组织贯彻落实中央全面从严治党要求的内在要求。党的十八大以来，中央提出了全面从严治党的战略部署，这是党中央审时度势、与时俱进，针对新时代出现的新情况新问题而提出的加强党的建设的基本方针和根本要求。"全面"强调了横向到边，"从严"突出了纵向到底，目的是加强党的领导和党的建设的全覆盖、无死角、无禁区。据统计，2020 年，全国共有义务教育阶段学校 21.08 万所，招生 3440.19 万人，在校生 1.56 亿人，专任教师 1029.49 万人。全国共有普通小学 15.80 万所，小学招生 1808.09 万人，在校生 10725.35 万人，小学共有专任教师 643.42 万人。全国共有初中 5.28 万所，初中招生 1632.10 万人，在校生 4914.09 万人，初中共有专任教师 386.07 万人。全国共有普通高中 1.42 万所，招生 876.44 万人，在校生 2494.45 万人，普通高中共有专任教师 193.32 万人。① 中小学校党组织作为党的基层组织的重要组成部分，是党在中小学校全部工作和战斗力的基础，必须打造坚强有力的中小学校基层党组织，发挥其战斗堡垒作用，推进教育事业发展。

第三，中小学校旗帜鲜明抓党建，是推动基础教育事业健康发展的必然要求。一方面，进入新发展阶段，中小学教育领域的改革任务艰巨而繁重，需要党的建设为中小学教育改革创新提供政治引领和制度保障，促使中小学教育领域的改革任务落到实处，起到实效，切实以党建推动教育事业的大发展。另一方面，在新形势下，全球化、信息化纵深发展，各种政治思潮和社会思

---

① 《2020 年全国教育事业统计主要结果》，教育部网 2021 年 3 月 1 日。

潮对中小学教育以及中小学生的思想产生的作用越来越大；与此同时，学生在互联网时代面临的各种信息也是良莠不齐、纷繁复杂，中小学生处于世界观、人生观、价值观形成的关键时期，"扣好人生的第一粒扣子"意义重大。为了确保在中小学教育过程中坚持以社会主义核心价值观来塑造学生的价值观，厘清大是大非和原则性问题，敢于、善于争夺舆论和思想的话语权、主动权，就必须旗帜鲜明抓党建，发挥中小学校党建的"红色引擎"作用，引领中小学教育改革不断取得新突破。

近年来，广大中小学校紧紧围绕新时代党的建设总要求，认真贯彻党的教育方针，中小学校党建工作取得显著成效。但从整体上看，当前中小学校党建工作还存在着不少薄弱环节和突出问题，部分中小学尚未有效贯彻落实素质教育要求，对党建工作的地位和作用定位不清；部分中小学尚未全面贯彻落实新时代党的建设总要求，对党建工作的内容和形式把握不准，部分中小学尚未全面落实从严管党治党的责任，党建工作队伍的党务管理专业不精。① 其中，最突出的表现是党建工作与中心业务"两张皮"现象严重。

一是党组织的领导作用被淡化、弱化。一些中小学校党组织和党的工作覆盖还有空白，管理体制、书记队伍、党员管理、思想政治教育等方面存在一些亟待解决的问题。一些中小学校在日常运转中注重行政班子建设，忽略发挥党组织的核心作用。在学校重大问题决策时，党组织的核心领导作用在一定程度上被弱化、淡化和虚化，往往采用以行政为主、党务为辅的办法。

----

① 李斌雄、任韶华：《新时代中小学校党建工作的价值、问题及其解决路径》，《北京教育学院学报》2019 年第 5 期。

二是对党建工作的作用不了解、不重视。一些人认为，中小学校的主要任务是办学，是提高教育教学质量，教学质量、考试成绩、升学率等是学校管理者及广大教师重点关注的内容。学校党建工作虽然重要，但毕竟不是学校的中心工作。因此，一部分人对于党建工作没有引起足够的重视，甚至把它当成一项"额外任务"来完成。由于认识上的偏差，一些中小学校党组织满足于组织规定的"三会一课"、主题党日等活动的开展，在工作中没有主动精神和创新思路，在党建工作与学校中心业务相互融合、相互促进方面明显不足。

三是学校党务工作不系统、不规范。不少中小学校仅仅把发展新党员作为衡量和评价学校党建工作做得如何的主要标准。在他们看来，学校党建工作主要是发展几个新党员而已，党务工作就是单纯的收缴党费。他们根本不了解党建党务工作内容的系统性和针对性。一些中小学校的党员忘记了自己的身份，把教书育人只视作一种谋生的手段，还有少数党员调离学校后，不转党组织关系，不参加党组织活动。对于上述种种状况，一些学校党组织也不问不管，认为这是改革中出现的正常现象，完全忽略了党员教育管理在加强党的建设中的重要作用。

四是中小学校党建实践中存在一定的形式主义。一些中小学校在党建工作中注重搞形式主义，大多时候党建工作只停留在应付上级检查的层面，致使党建工作在学校中的指导、引领作用没有充分发挥出来。例如，一些学校在安排政治学习时追求多样性，也注意把自学、集中学习结合起来，但缺乏针对性，政治学习只是停留在读原文和学习文件的表面层次上，对社会和群众关心的热点、学校工作的难点问题不能作深入的讨论和深层次的思考；在党建活动方面，一些学校把发展新党员、开党组织生活会当作主要内容，而且活动时间都集中在"七一"前的一个月或者前几天。此时一过，活动也就搁起不搞了。

这些问题迫切需要通过破解难题、补齐短板，推动中小学校党组织、党员队伍强起来，党的工作和党组织作用强起来，建设坚强战斗堡垒，从而促进中小学校立德树人任务的高质量实现。

三、以改革创新精神推进中小学校党建高质量发展

当前，一些中小学校党建工作之所以存在着上述种种弊端，其主要原因有三个。一是思想认识不到位。不少人认为，目前中小学校实行校长负责制和教师聘任制，党组织很难发挥作用。还有的人认为，讲办学是实在的，抓党建是徒有虚名。由于认识上的偏差和错误，所以不仅完全混淆了二者的辩证关系，而且也给学校工作带来损失。二是对学校党建工作实际情况的分析不够深入，问题找得不准，开展党建工作的针对性不强，在创新学校党建工作方式方法上思考不足，不能做到"对症下药"。三是党建工作机制不够完善，学校党建工作的考核奖惩办法、党员的教育管理制度和激励约束机制没有建立、健全，党建工作缺乏必要的实施手段，号召力不强，推动力不够。因此，推进高质量党建引领立德树人，就要以改革创新精神抓好中小学校党组织建设，着眼于深化学校教育综合改革，针对党建工作的难点和热点问题，不断创新理念、思路和方法，尊重党组织和党员的首创精神，夯实中小学校党建机制创新的基石，在创新党建工作机制上下功夫，努力把党建工作融入立德树人的各领域和全过程。

第一，主动担当，扛稳党建工作责任。中小学校党组织要牢

固树立"抓党建促发展"的意识，自觉把中小学校党建工作放在首要位置，坚持与学校立德树人根本任务同谋划、同部署、同落实。作为党组织书记，要按照上级党组织工作部署，团结学校党组织领导班子成员，履职尽责，使党建工作常态化、精细化，进一步加强党员干部队伍和基层党组织建设。

第二，加强学习，提高党员政治站位。要强化理论武装，加强党员政治思想教育，深入学习领会贯彻党的大政方针，开展党员干部理想信念、廉政教育，不断提高党员的政治站位，提高党员业务能力，提升党员综合素质。另外，要认真落实理论学习制度，结合学校具体实际，科学制定并精心安排学习计划，做到年有部署、月有计划、周有安排。

第三，以人为本，创新党建工作理念。牢固确立党建工作"以人为本"的理念，以促进人的全面发展为目标，正确认识和把握党组织建设规律，围绕学校教育教学中心工作，找准党建工作与教育教学协同发展的结合点和着力点。树立"大党建"理念，有效整合资源，把服务学校改革发展的实际效果作为衡量学校党建工作成效的根本标准，增强学校党组织的创造力、凝聚力和战斗力。

第四，整合资源，创新党建方式方法。一是认真总结党建工作中的好举措、好做法，捕捉亮点，充分挖掘、整合学校现有的活动资源，探索新思维、新举措，推动学校党建品牌建设。二是从党员思想和工作实际出发，创新教育方法，由灌输向引导转变，由单一向综合转变，增强工作实效。创新组织生活内容、形式和载体，创新党性定期分析、民主评议等方法，积极开展融思想性、知识性、趣味性为一体的党日活动，努力提高党组织生活质量。提高党组织管理信息化水平，使党内统计、党费收缴、组织关系接转、党员教育培训、日常联系服务等基础党务工作高效运转。三是充分发挥学校基层党组织的战斗堡垒作用和党员的模范引领作用，不断夯实党建工作的基础，丰富党建工作的内涵，拓展党建工作的外延，努力推动党建工作在学校工作大局中的引领作用和在具体工作中的示范作用，从而为深化教育教学改革、提高办学质量提供坚强有力的保证。

第五，搭建平台，推进学校"智慧党建"。近年来，网络信息技术发展日新月异，给党的建设带来深刻影响。中小学校党组织要坚持与科技同行，搭建平台，积极推进"智慧党建"，为党建插上网络信息技术的翅膀。要注重信息技术对党建水平的提升作用，利用学校官方网站和党组织公众号等信息平台，开发并上线党建信息化平台，推行"党建+互联网"模式，为全体党员提供方便、快捷、高效的党建交流平台。

第六，建章立制，创新党建制度体系。及时将有益经验上升到制度层面，以制度创新推动党建工作科学化。一要建立鼓励创新的工作机制，鼓励支持党员干部摒弃守旧思想，改变思维定式，把创新情况作为评选先进、评价党员实绩、考察推荐干部的重要内容。定期开展党建工作创新奖评选，加大对学校党建创新的支持奖励力度，推动党组织创新创优。二要建立健全对中小学校党建工作的监督考核机制，构建由上级党组织、学校党组织和党员共同参与的党建工作体系，完善中小学校党组织书记抓党建工作述职评议考核制度、群众评议制度，完善党建工作考评体系。三要加强中小学校党建奖惩机制建设。把学校党组织建设考评结果与绩效考核、职称评定、评先评优、提拔使用等结合起来。对典型经验要及时总结推广，强化典型带动，充分发挥先进典型的引领带动作用；对削弱学校党组织作用的倾向，要坚决纠正；对软弱涣散的学校党组织领导班子要及时调整。

四、党建引领立德树人，助力"五育并举"

落实立德树人根本任务，是我国中小学教育事业不断取得新发展的关键所在，也是实现教育高质量发展、建设教育强国的必然要求。2018年9月，习近平总书记在全国教育大会上强调，要努力构建德智体美劳全面培养的教育体系，形成更高水平的人才培养体系。2019年6月，中共中央、国务院下发的《关于深化教育教学改革全面提高义务教育质量的意见》对此作了系统谋划和重要部署，对每个层面都提出了具体要求，强调坚持"五育并举"，突出德育实效、提升智育水平、强化体育锻炼、增强美育熏陶、加强劳动教育，提高学生综合素质，着力培养担当民族复兴大任的时代新人。

党的十八大以来，中小学校党建工作受到各级党委政府的高度重视，在实践中积累了丰富的经验，取得了显著的成果。大多数中小学校用科学理论指导党建工作，健全组织机构，党建活动做到了经常化、规范化，党员的模范带头作用得到发挥。中小学校党建工作在促进学校教育发展、全面推行素质教育方面发挥了重要作用。

新形势下，探索高质量党建引领中小学立德树人，培养有远大理想和与时俱进、集知识和能力于一体的创新人才，是落实"五育并举"的题中之义。中小学校党组织是党在学校中全部工作和战斗力的基础。进入新发展阶段，我们要以高质量党建为抓手，推动中小学教育整体性流程再造、机制塑造和文化打造。一要把坚持和加强党的领导贯穿于中小学教育改革的全过程，发挥好党组织的政治核心作用，把学校党组织和广大党员教师思想高度统一到改革的各项要求和举措上来。秉承"中小学办学在哪里，党建就在哪里，师生在哪里，党建就在哪里"的理念，以提升党组织规范化建设水平为目标，与时俱进地提升中小学校党组织的政治建设、思想建设、组织建设、作风建设、纪律建设和制度建设等。二要把高质量作为检验标准，从教育发展体制机制、结构类型、评价方式、内在活力、保障措施等方面对标检视，突破制约点和瓶颈因素，推动中小学立德树人落地生根。三要夯实高质量发展基础，加大人力资本投入力度，全面建设高素质专业化创新型的中小学教师队伍。四要不断加强组织领导，充分发挥基层党组织的战斗堡垒作用和党员的先锋模范作用，用钉钉子精神一步一步、一项一项抓好落实，完成好中小学立德树人各项任务。

进一步讲，高质量党建引领中小学立德树人的要义在于融入、引领与协同发展。所谓融入、引领与协同发展，就是把党建工作融入中小学立德树人的全过程，把握党的建设和教育工作的内在规律性、统一性，找准突破点和结合点，把"抓党建"与"抓教育"双重责任融合好，产生合力；就是要解决中小学校党组织活动与学校中心任务扣得不紧、促进作用不明显的问题，防止党建与业务"两张皮"。比如，学校要开展"四史"（党史、新中国史、改革开放史、社会主义发展史）学习教育，方法有很多：充分利用学校网站、电子屏幕、宣传栏、墙报、微信平台等宣传阵地及有关会议，积极为活动营造声势；举行征文、演讲、歌咏比赛、主题班团会等形式多样、生动活泼、师生喜闻乐见的活动。再如，学校举办青年教师讲课基本功大赛时，可以将党员活动和教师基本功大赛优化整合，业务能力强的党员教师可以大展身手，以精湛的教学技能为全校教师树立榜样，带动各学科教研活动开展。这样，在完成学校日常教育教学工作中，在促进青年教师成长的过程中，最大限度发挥出党员攻坚克难、先锋模范作用，引领、带动更多的教师为学生服务。总之，在实际工作中，一方面要以党建思维做教育，为中小学立德树人定向领航、提供动能；另一方面要用教育思维抓党建，搭建好载体平台，构建起党建与立德树人"双向对接、融合共进"的工作体系。

近年来，人大附中朝阳学校以"学习、服务、创新、带动、立制"为核心创建基层党建品牌，探索高质量党建引领中小学立德树人，成效显著。注重学习就是注重思想政治学习，就是注重在思想上建党；注重服务就是建设服务型党组织的基本要求；注重创新就是激发党建工作活力；注重带动就是充分发挥党员干部的带动作用；注重立制就是保障党建工作的规范化、科学化运转。通过党建品牌的创立，高质量的党建有机地融入了学校立德树人工作，迎来了学校各方面事业的大发展。

奋斗创造历史，实干成就未来。作为中小学教育工作者，我们要坚持以习近平新时代中国特色社会主义思想为指导，夯实党的基层基础，落实党管人才原则，实施人才强校战略，坚持将党的建设与立德树人同谋划、同部署、同落实、同考核，推动党的领导与立德树人有机融合、相得益彰，切实把党的领导优势转化为内涵发展优势，以党建引领发展、促进发展、保障发展，切实把"学生成长成才、教师发展、学校发展"有机融合、相互促进的发展理念落实落细，充分发挥党组织在教育教学、教材选用和人才培养等方面的政治把关作用，全面落实立德树人根本任务，奋发有为，主动作为，积极探索高质量党建引领中小学立德树人，在落实"五育并举"中实现教育强国。

第一章 创建堡垒型党组织，发挥定向把关作用

基层党组织是党在基层的"战斗堡垒"，处在改革发展的第一线，担负着团结带领党员群众推进经济社会发展的重大责任，是高质量发展的组织者、推动者和实践者。以高质量党建引领中小学立德树人，应创建中小学校堡垒型党组织，发挥党组织的定向把关作用，保证党的教育方针在中小学校有效落实，促进中小学校健康发展。

一、以政治建设为统领，坚持社会主义办学方向

从人类社会发展历史看，教育与政治密切相关。在阶级社会里，教育必定具有政治性，为一定社会阶级的政治、经济服务，这是教育的本质和职能的表现。所谓教育"不问政治"，教育"不讲政治"，教育工作"不联系政治"，都是资本主义社会一些政治家或教育家的伪善说法。正如列宁所言："一切资产阶级国家的教育同政治机构的联系都非常密切。虽然资产阶级社会不肯承认这一点。同时，资产阶级社会通过教会和整个私有制来影响群众。"① 因此，公开承认教育不能不联系政治，这是社会主义国

---

① 《列宁选集》第4卷，人民出版社1995年版，第302页。

家办学治校的教育共识和基本原则。习近平总书记指出，建设教育强国是中华民族伟大复兴的基础工程，必须把教育事业放在优先位置，深化教育改革，加快教育现代化，办好人民满意的教育。进入新发展阶段，中小学校在党的建设中，要牢牢把握以政治建设为统领，坚持社会主义办学方向。

1. 把政治建设摆在首位

党的政治建设是指中国共产党为巩固其政治属性而进行的建设。旗帜鲜明讲政治是我们党作为马克思主义政党的根本要求，进行政治建设的直接目的就是为了保证党的先进性和纯洁性，从而担当起时代赋予的使命，最终实现其政治理想。在革命、建设、改革各个阶段，我们党都高度重视政治建设，形成了讲政治的优良传统。党的十八大以来，以习近平同志为核心的党中央把党的政治建设摆在更加突出位置，形成了鲜明的政治导向，推动党的政治建设取得重大历史性成就。在党的十九大报告中，首次出现"加强党的政治建设"，这是对我们党历来强调的"讲政治"的总结和升华，是对马克思主义党建理论的重大创新。同时，必须清醒看到，我们党面临的"四大考验""四种危险"是长期的、尖锐的，影响党的先进性、弱化党的纯洁性的因素是复杂的，切实有效解决这些问题，必须进一步加强党的政治建设。

在中小学校，政治素质提升和业务能力建设，都是加强教师队伍建设的重要内容。但在实践中，一些中小学只重视教师队伍的业务能力和专业发展，教师的职称评定、年度考核等方面往往只与升学率、文章发表篇数等挂钩，对体现政治素质的因素关注不够；一些教师懈怠教学，忙于"办课外培训班"，出现体罚学生、虐待幼儿等问题，都说明这些中小学校在教师政治素质建设方面存在短板。

进入新发展阶段，推动立德树人根本任务在中小学落地生根，必须把党的政治建设摆在首位，把政治标准和政治要求贯穿于学校各项工作之中。党的政治建设是党的根本性建设，其建设情况对党的建设方向与效果产生巨大影响。中小学校党组织的政治建设要坚持问题导向，针对在一些党员教师和党员干部中存在的忽视政治、淡化政治、不讲政治的问题，特别是"教育不联系政治"的突出问题持续发力。突出中小学党的政治建设的根本地位，把政治标准和政治要求贯穿于中小学党的思想建设、组织建设、作风建设、纪律建设、制度建设和反腐败斗争之中。要在坚定政治信仰、强化学校党组织的政治属性和政治领导作用、提高学校党组织的政治能力、净化中小学校教育政治生态等方面取得重要进展。党组织的思想建设、组织建设、作风建设、纪律建设、制度建设和反腐败斗争，要自始至终自觉贯彻和体现讲政治的根本要求，确保学校各项工作目标不偏。要教育和引导广大党员干部和师生增强"四个意识"、坚定"四个自信"、做到"两个维护"。要严格落实意识形态工作责任制，推动全面从严治党向纵深发展，把中小学校党组织锻造得更加坚强有力，以求真务实、真抓实干的优良作风和清正廉洁的政治本色为立德树人提供保证。

2. 坚持社会主义办学方向

"君子务本，本立而道生。"社会主义办学方向是教育之本。培养什么人、怎么样培养人、为谁培养人，始终是教育工作面临的一个核心问题。进入新发展阶段，要全面贯彻党的教育方针，落实立德树人根本任务，根本的一点，就是坚持教育工作的社会主义属性，坚持人才培养的社会主义方向。如果忽视或弱化对社会主义办学方向的坚持，在培养人的问题上走偏了，我们为之奋斗的现代化事业就会失去方向和目标。

中小学坚持社会主义办学方向，要坚持以人民为中心发展教育事业。中国特色社会主义进入了新时代，我国社会主要矛盾已经转化为人民日益增长的美好生活需要和不平衡不充分的发展之间的矛盾。人民日益增长的教育美好生活需要，成为教育变革与发展的立足点。教育高质量发展的根本评价尺度，在于是否真正满足和服务于人民的高质量教育需求，是否持续提升人民群众的教育获得感。

中小学坚持社会主义办学方向，要把"四个服务"作为根本要求。教育发展方向应同我国发展的现实目标和未来方向紧密联系在一起。广大中小学校坚持社会主义办学方向，就要坚持"为人民服务，为中国共产党治国理政服务，为巩固和发展中国特色社会主义制度服务，为改革开放和社会主义现代化建设服务"。①坚持"四个服务"，是统筹促进教育服务人的发展和教育服务社会发展的要求。

中小学坚持社会主义办学方向，要用党的创新理论武装头脑，宣传好执行好党的教育政策。中小学校党组织作为党在中小学校的政治领导核心，其首要任务就是积极宣传和正确执行党的路线方针政策，特别是宣传党的基础教育的路线方针政策。党的十八大以来，习近平总书记对发展教育事业提出了一系列富有创见的新理念新思想新观点，是中国特色社会主义教育理论发展的

①　习近平：《把思想政治工作贯穿教学全过程　开创我国高等教育事业发展新局面》，《人民日报》2016年12月9日。

18

最新成果，标志着我们党对教育规律的认识达到了新高度，为推进新形势下教育改革发展提供了强大思想武器。进入新发展阶段，广大中小学校坚持社会主义办学方向，要组织党员教师和广大学生深入学习贯彻习近平新时代中国特色社会主义思想，把党的路线方针政策宣传好执行好，把党中央、上级党组织和本组织的决议宣传好执行好；要善于通过创新，把党的路线方针政策，以适应师生教育教学需要的方式呈现出来，引导师生自觉遵守党的纪律与国家法律法规，为落实立德树人根本任务贡献力量。

中小学坚持社会主义办学方向，要把加强教师队伍建设作为基础工程，确保党牢牢掌握教师队伍建设的领导权，保证教师队伍建设正确的政治方向。要把提高教师思想政治素质和职业道德水平摆在首要位置，把社会主义核心价值观贯穿教书育人全过程，推动教师成为先进思想文化的传播者、党执政的坚定支持者、学生健康成长的指导者，打造政治过硬、业务精湛的高素质、专业化、创新型教师队伍。

总之，中小学校党组织要立场坚定、旗帜鲜明地坚持社会主义办学方向，坚持马克思主义的指导地位，通过参与决策、宣传发动、组织实施和保证监督等工作环节，在实践中不断增强贯彻执行党的路线方针政策的自觉性和坚定性，在规范办学行为、保持学校稳定、办好让人民满意的中小学教育上下功夫，把党组织的作用贯穿教学、管理和人才培养活动的全过程，有机渗透和融合到立德树人各项工作中。

3. 不忘初心，牢记为党育人、为国育才的使命

初心和使命是一个人、一个民族、一个政党不断前进的根本动力。中国共产党人的初心和使命，就是为中国人民谋幸福，为

中华民族谋复兴。这个初心和使命是激励中国共产党人不断前进、永葆政治本色的根本动力。1949年新中国成立时，中国共产党党员数400多万，牺牲的党员烈士有近400万；新中国成立前，中共中央委员与候补委员共170多人，42人牺牲，约占四分之一；政治局委员与候补委员共55人，15人牺牲，约占四分之一。"两个400万""两个四分之一"足可以说明中国共产党所经历的超乎想象的苦难与艰苦卓绝的奋斗。中国共产党之所以能够在苦难中不断走向辉煌，就是因为其勇于自我革命，永葆先进性和纯洁性，始终不忘政治本色。中国共产党人的历史，是一代又一代中国共产党人薪火相传、前仆后继、浴血奋斗，带领中国人民创造了中华民族伟大复兴的壮丽史诗。只有始终"不忘初心、牢记使命"，方能更加奋发有为地团结带领全国各族人民实现中华民族伟大复兴的中国梦。

教育大计，教师为本。办好人民满意的教育始于立德树人的初心，成于牢记使命的恒心。教育高质量发展，不论何种区域、何种层面、何种类型，最后都要落实到人的高质量发展上来，归根结底是学生的持续成长，而学生的发展则有赖于高质量教师队伍的建设。近年来，人大附中朝阳学校党总支突出党建引领，强化责任担当，开展了初心行动计划和使命行动计划，引导教职工把初心落在行动上，把使命担在肩膀上，积极主动作为，培养担当民族复兴大任的时代新人，努力打造新时代高素质教师队伍，得到了学生、家长和教师队伍的一致认可。

初心就是情怀，使命就是担当。习近平总书记说，征途漫漫，惟有奋斗。我们通过奋斗，披荆斩棘，走过了万水千山，我们还要继续奋斗，勇往直前，创造更加灿烂的辉煌。进入新发展阶段，广大中小学教育工作者要不忘立德树人初心，牢记为党育人、为国育才使命，积极探索新时代教育教学方法，不断提升教书育人本领，为培养德智体美劳全面发展的社会主义建设者和接班人作出新的更大的贡献。

二、坚持党管教育原则，优化中小学党政工作机制

中国特色社会主义最本质的特征是中国共产党领导，中国特色社会主义制度的最大优势是中国共产党领导，党是最高政治领导力量。牢牢掌握党对教育工作的领导权，不断改善党对教育事业的领导，是办好中小学教育的根本保证，也是加快中小学教育改革的前提条件。进入新发展阶段，要把坚持和完善党的领导制度体系放在突出位置，并把坚持和加强党的领导的要求全面体现到中小学立德树人各方面制度安排中，优化中小学党政工作机制，坚持党管方向、管大局、管干部、管人才，在制度建设上下功夫。

1. 坚持中小学校党组织领导下的校长负责制

推进高质量党建引领中小学立德树人，要坚持党组织领导下的校长负责制，在保证党的全面领导在中小学落实的制度安排基础上，在广大中小学校建立起良好的党政关系。

"校长"这一称谓产生于民国时期。1912 年初，民国政府颁布《普通教育暂行办法》，规定所有学堂一律改为学校，监督或堂长一律改为校长。①

———————————

①　陈学恂：《中国教育近代史教学参考资料》（中册），人民教育出版社 1998 年版，第 166 页。

1952 年，新中国教育部颁发《中学暂行规程（草案）》和《小学暂行规程（草案）》，这是新中国最早发布的规范中小学办学的政策。其中规定中小学校实行"校长责任制"，明确校长个人在学校事务中的责任和作用。1956 年，党的八大通过的党章对基层党组织的作用做了规定。此后，中小学普遍设立党支部，实行"党支部领导下的校长负责制"。

改革开放之后，我国教育系统普遍实行了"党组织领导下的校长负责制"，强调校长要按照党的政策和国家法律来管理学校，并主动接受党组织的监督。1978 年，教育部出台相关学校工作条例，规定全日制中小学实行党支部领导下的校长分工负责制，学校的一切重大问题必须经过党支部讨论决定。1984 年教育部在《关于全日制普通中学学校领导班子调整工作的意见》中，又将其改为"党支部领导下的校长负责制"，删去了"分工"两字，但领导体制的基本精神并未改变。2003 年人事部、教育部印发《关于深化中小学人事制度改革的实施意见》的通知指出，进一步完善校长负责制。实行校长负责制的中小学，校长全面负责学校工作，并充分发挥基层党组织的政治核心作用。实行校长负责制，并不是让学校发展撇开党组织，而是为了让党组织有条件有精力加强自身建设，更好地发挥政治核心作用，更好地保证监督党的教育方针政策的贯彻落实，从而更好地体现党对学校的领导。也就是说，实施校长负责制，实际上是教育系统保证党的全面领导的制度安排。

但在实践中，一些中小学有意无意地忽略虚化党的领导，甚至把校长的决策和党的领导对立起来。有些中小学把党的工作和教育教学工作割裂开来。在传统管理体制中，中小学校党组织书记与校长往往分开任职，党组织书记负责党的建设、校长负责教育业务工作。两条线平行推进、很难交叉，合力不足、效能不高。① 此外，在一些中小学流行这样的说法——"大校长，小书记"。即校长往往由年长资深的教育工作者担任，这样的校长因其知识、专业、能力等方面都趋于稳定，在学校具有"权力大，责任大、年龄大"的三大特征。而学校党组织书记，却是相对地"权力小，责任小、年龄小"。如果校长、书记都强调自己抓的工作重要，关系不协调好，党建工作就比较难做。事实上，在一些中小学校里，校长与书记之间的关系僵持，成为中小学校立德树人根本任务落地的一大障碍，也成为中小学校党组织建设的一个障碍，实际上削弱了党的领导。

究其原因，现在一些中小学校实际运行的校长负责制与制度设计的初衷有一定偏差。现实中，学校的日常管理、人事、财务等主要由校长来决定，个别校长借着"校长负责制"之名滥用权力、以权谋私、任人唯亲，整体上学校党组织对校长的监督十分乏力，有的党组织甚至沦为可有可无的机构。因此，在新形势下，有必要将"校长负责制"内涵中的"党组织领导下"真正落地，在中小学形成总揽全局、协调各方的党的领导体系，以保证党在中小学的全面领导。

2. 教育治理背景下的中小学党政关系

新时代，我国提出"教育治理"作为新形态的教育发展方式，它最突出的特征就是多元主体的共同参与，并实现"建立高

---

① 杜全平：《打通中小学校党建攻坚的关键"最后一米"——山东省潍坊市高新区破解党建与教育"两张皮"的实践》，《人民教育》2019 年第 18 期。

效、公平、自由、有序的教育新格局"的最终教育目标。① 推进
高质量党建引领中小学立德树人，加强党在中小学的全面领导，
需要处理好新形势下的学校党政关系。一般来说，中小学党政双
方要处理好以下三个关系：

一是职权关系。从职权关系来讲，校长与党组织书记都是学
校领导。校长是法人代表，党组织支持校长履行职权，发挥政治
保障和监督作用。校长和书记分工合作，各负其责。

二是党内关系。一般而言，绝大多数中小学校长都是共产党
员，校长与党组织是个人与组织的关系。个人服从组织是党的组
织原则。校长作为普通党员，必须参加党的活动，遵守党的纪
律，服从党的决议，严于律己，起模范带头作用。而学校党组织
书记是党组织内的"班长"，校长作为党组织成员，应成为"班
长"的得力助手。

三是个人关系。在实际工作中，中小学校长与书记因为思想不
统一产生意见分歧，甚至发生争吵，这都是正常的。只有宽容和理
解，才是正道。书记、校长都要加强自我修养，以大局为重、事业
为本。能在两人之间解决的问题，不扩大到第三人；该在党内解决
的问题，不传到党外去；能在领导层解决的问题，不扩大到群众中
去。总之，同志相处，以和为贵。中小学校长与书记想问题办事情
应多从大局出发，多谦让、多沟通，多用宽厚包容之心对待误解，
多用换位思考之法对待分歧。当然，"和"的意思不是丢掉原则，
保持"你好我好大家好"的表面上一团和气。

党的领导是中国特色社会主义最本质的特征，是中国特色社

---

① 褚宏启：《教育治理：以共治求善治》，《教育研究》2014 年第 10 期。

会主义制度最大优势，明确这一点是正确处理党政关系的前提。推进高质量党建引领中小学立德树人，要坚持党组织的政治核心地位，正确贯彻校长负责制，使双方努力做到"权力职责上分，思想行动上合；工作内容上分，工作目标上合"；要坚持激发党员先锋模范作用，将学校行政工作的难点作为党组织工作的重点；要坚持党管干部、党管人才原则，积极构筑拒腐防变的"制度屏障"，把监督贯穿于干部培养、选拔、使用、管理的各个环节，超前防范。总之，通过积极的制度性赋权，让中小学校党组织书记、校长的生命价值在与学校、教师、学生的共处中不断被点亮，在成就教育事业的同时成就自身。

3. 构建合理的中小学党政工作机制

中小学校的正常运转关键在于党政领导班子之间的合理分工与协作。校长是学校教育教学和日常行政管理的第一责任人，书记是学校党建党务工作的第一责任人。校长对业务工作进行决策，书记负责保证监督。这是对中小学校长和党组织书记在职能上的定位。为此，在日常的工作中，党政工作要明确各自的职责定位，分工合作。尤其是书记、校长要以政治家的敏锐和坚定，牢牢把握正确的办学方向；以教育家的理念和风范，推动中小学校立德树人根本任务的落实。

第一，合力抓好领导班子建设机制。抓住了学校领导班子建设，就抓住了构建中小学党政工作机制的"牛鼻子"。2017年，中央组织部和教育部联合制定了《中小学校领导人员管理暂行办法》，对中小学领导人员的任职与资格、选拔任用、任期和责任、考核评价、培训和交流、职级制改革、薪酬待遇、容错纠错、监督约束和退出等方面进行了系统而全面的规范。新形势下，中小学校党组织要规范党内政治生活，加强学校领导班子成员思想理论武装，推动学校领导班子成为旗帜鲜明讲政治的"领头羊"。要建立领导班子成员分工负责、齐抓共管的责任体系，制定任务清单，让班子成员人人肩上有工作责任，个个手上有党建项目，促使班子成员自觉把党建工作与学校发展、教育教学同谋划、同部署、同推进。

第二，充分发挥学校党组织书记的引领作用。在中小学，党政工作有着共同的目标：落实党的教育方针，推进学校立德树人根本任务的落地。因此，学校党组织书记要坚持服务在先、服务大局的原则，积极发挥引领作用。作为书记，既懂党务又懂教育教学，才能正确地履行职责。具体地说，书记在贯彻党的教育方针前提下，必须维护校长的权威，支持校长行使职权。作为书记，一项重要工作就是激发校长等行政领导的工作热情，保证校长及教学行政管理部门实施立德树人的计划。此外，书记不直接管教学，而是以党建工作促教育教学，带领党组织一班人将党建工作贯穿教育教学工作全过程。可以说，一所学校有了党组织书记的率先垂范，有了党组织成员的无私奉献，学校的发展目标，就能得到维护和支持，立德树人目标也就能得到顺利地实现。

第三，完善党政联席会议机制。党政领导共商学校重大事情的平台——党政联席会，在许多中小学校都已经搭好，当前的关键是将其进一步完善。涉及学校"三重一大"事项（重大决策、重要人事安排与管理、重大项目计划和大额度资金使用）和党务政务交叉事项，应由党政联席会讨论决定。举行学校党政联席会，一般按以下流程。一是由行政部门根据议题的需要做适当的意见征询工作。整理各类资料，汇总各类数据，拟订初步改革方案。二是党组织成员展开讨论，既分析教职工思想动态，又提出合理的可操作性的建议，供校长参考。三是党政之间统一意见。主持人或议题提出人应就议题内容做详细的说明，其他成员应充分发表意见。重大决策，校长、书记必须意见一致。重大事项上无法形成决议时，应暂缓决定，做进一步调研或协商。然后将初步方案提交党政班子集体讨论，修改完善形成决定草案。四是教职工代表讨论审议阶段。凡涉及教职工切身利益的改革举措，应交给教职工代表讨论审议。五是操作试行、效果反馈阶段。经校长审批试行后，行政部门负责跟踪和反馈改革后的实际情况，并向教职工通报情况。党务干部负责及时掌握教职工思想动态，提出改进意见供校长参考。校长综合各方面意见后，提出调整方案。

总的来讲，中小学校党组织领导下的校长负责制是一个不可分割的有机整体，必须坚持党组织的政治地位，保证校长依法行使职权，建立健全党组织统一领导、党政分工合作、协调运行的工作机制。

三、增强党组织的政治功能和组织力，为学校发展凝心聚力

党的十九大报告中指出，"要以提升组织力为重点，突出政治功能，把企业、农村、机关、学校、科研院所、街道社区、社会组织等基层党组织建设成为宣传党的主张、贯彻党的决定、领导基层治理、团结动员群众、推动改革发展的坚强战斗堡垒。"[1]

---

[1] 习近平：《决胜全面建成小康社会 夺取新时代中国特色社会主义伟大胜利——在中国共产党第十九次全国代表大会上的报告》，人民出版社 2017 年版，第 65 页。

新时代中小学党的建设的目标就是把党组织建设成为宣传党的主张、贯彻党的决定、领导学校治理、团结动员师生、推动学校改革发展的坚强战斗堡垒。2018 年 7 月，习近平总书记在全国组织工作会议上强调，"加强党的基层组织建设，关键是从严抓好落实。要以提升组织力为重点，突出政治功能，健全基层组织、优化组织设置，理顺隶属关系，创新活动方式，扩大基层党的组织覆盖和工作覆盖。"这也为新时代加强党的基层组织建设指明了方向、提供了遵循。

1. 发挥中小学校党组织的政治功能

2018 年 9 月，习近平总书记在全国教育大会上强调："加强党对教育工作的全面领导，是办好教育的根本保证……各级各类学校党组织要把抓好学校党建工作作为办学治校的基本功，把党的教育方针全面贯彻到学校工作各方面。"① 中小学校党组织是党在学校中全部工作和战斗力的基础，其政治功能主要表现为"把方向、管大局、促落实"。党组织要增强政治功能，发挥政治核心作用，全面负责学校党的思想、组织、作风、反腐倡廉和制度建设，把握学校发展方向，参与决定重大问题并监督实施，领导学校德育和思想政治工作，培育和践行社会主义核心价值观，维护各方合法权益，为学校发展凝心聚力。

当前，一些中小学校党组织政治功能弱化。一是政治核心作用发挥不够。一些党组织没有充分认识到基层党建的重要性和必要性，对一些事关学校发展方向等重大问题参与决策力度不够、

①　习近平：《坚持中国特色社会主义教育发展道路　培养德智体美劳全面发展的社会主义建设者和接班人》，《人民日报》2018 年 9 月 11 日。

监督乏力，甚至一些诸如思想政治工作、意识形态工作等本应由党组织研究决定的事宜，党组织并未履行好职责，反而交给行政领导决策。二是学校党组织战斗堡垒作用发挥不够，凝聚力不强，党组织活动质量不高，在推进学校各项事业的发展中，党组织没有形成一个坚强有力的战斗集体。向心力不足，宣传、动员和组织群众工作不力，一些中小学校党组织还停留在传统的开大会、发文件和说教式、灌输式动员方式上，群众接受度不高。三是党员先锋模范作用发挥不够。部分中小学校党员认为，党员只要按时参加会议、按期交纳党费就行了。于是，在工作、学习、生活中忘记了自己党员的身份，没有按党员的标准严格要求自己，完全把自己等同于普通群众，没有发挥好党员的先锋模范作用。

中小学校党组织是党在学校中全部工作和战斗力的基础。发挥党组织政治核心作用，根本是把握学校发展方向，关键点是参与决定重大问题并监督实施、支持和保证校长依法行使职权，着力点是抓好学校德育和思想政治工作、培育践行社会主义核心价值观。在实践中，发挥中小学校党组织的政治功能，落实好党在学校的全面领导，具体来说要做好以下几个方面的工作：

一是加强中小学校党组织的政治能力建设。中小学校党组织的政治能力就是在教育教学工作中把握方向、把握大势、把握全局的能力，就是在中小学保持政治定力、驾驭政治局面、防范政治风险的能力。提高中小学校党组织的政治能力，首先就是要提高政治站位、政治觉悟，增强政治定力、政治担当，做政治上的明白人。

二是宣传和执行党的路线方针政策，宣传和执行党中央、上级组织和本级组织的决议，坚持社会主义办学方向，依法治校，依靠全校师生落实立德树人根本任务，培养德智体美劳全面发展的中国特色社会主义事业合格建设者和可靠接班人。

三是审议确定学校基本管理制度，参与讨论决定学校发展规划、重要改革、财务预决算和教学科研、招生录取、基本建设等方面的重大事项，以及涉及师生员工切身利益的重要问题。在征求学校教职工、学生家长意见的基础上，把涉及学校发展、师生利益的重大事项进行梳理，确定必须经学校党组织前置研究的事项。

四是坚持党管干部、党管人才原则，讨论决定学校内部组织机构的设置及其负责人的人选，按照干部管理权限，负责干部的选拔、教育、培养、考核和监督，加强领导班子建设、干部队伍建设和人才队伍建设。通过制定政策，建立健全开放灵活、规范长效的人才工作新机制，破除那些不合时宜、束缚人才成长和作用发挥的观念、政策、制度，大力营造激发创造力的工作环境，形成人才辈出、人尽其才的良好局面。

五是坚持立德树人、德育为先，领导学校德育和思想政治工作，开展社会主义核心价值观教育，加强学校文化和精神文明建设，推动形成良好校风教风学风，促进和谐校园建设。

六是领导学校党的纪律检查工作，落实党风廉政建设责任制，严格执行《中国共产党廉洁自律准则》《中国共产党纪律处分条例》等，加强对违纪违法问题的预防、监督和查处。

七是领导工会、共青团、少先队等群团组织和教职工（代表大会），做好统一战线工作，对学校内民主党派成员实行政治领导，支持他们依照各自的章程开展活动。

八是按照党要管党、全面从严治党的方针，加强学校党组织的各项建设，落实党建工作责任制。发挥学校基层党组织的战斗堡垒作用和党员的先锋模范作用。

总之，要坚持建强中小学校党组织不放松，确保中小学办学活动在哪里、党的建设就跟进到哪里、党支部的战斗堡垒作用就体现在哪里，为中小学立德树人提供坚强组织保障。

2. 提升中小学校党组织的组织力

提升组织力，是党中央对基层党组织建设的新定位、新要求。基层党组织的组织力，是为了确保党的路线方针政策和决策部署得到贯彻落实所表现出来的对党的方针政策和决议、对党组织自身、对人民群众的能力。中小学校党组织必须坚持"以人为本"，从关心教师和学生的学习、生活入手，经常深入教学第一线，把广大教职工的积极性及时引导落实到以教育教学为主的工作中去，在全校营造心齐劲足气顺的良好氛围，形成凝聚人心求发展的合力。

（1）基层党组织提升组织力的前提

党的组织力的概念是毛泽东 1929 年 4 月在《红军第四军前委给中央的信》中首次提出的，具有丰富的政治意蕴和深刻的政治内涵。组织力是指组织内的各个要素有机融合而形成的整体合力。提升基层党组织组织力需要把握以下几个前提。其一，发展成员。中国共产党之所以由最初 50 多人，发展壮大成今天的9500 多万党员，是因为党的信仰和宗旨，能够对广大群众始终保持着强大的吸引力。提升基层党组织的组织力，必须做好发展党员工作，使源源不断的新鲜血液补充进来。其二，锻炼党性。基层党组织之所以成为坚强的战斗堡垒，关键在于对愿意加入党组织的同志进行千锤百炼，将其变成"特殊材料"。并且，把党的组织生活作为查找和解决问题的重要途径，作为锻炼党性、提高党员思想觉悟的熔炉。其三，严格管理。一名党员就是一面旗帜，一个党支部就是一座堡垒。党的严密组织体系和严明纪律规范，是坚持党的领导、发挥基层党组织战斗堡垒作用和党员先锋模范作用的坚实基础。党组织对其成员的严格监督与管理，是永葆党组织先进性纯洁性的重要保证。

基层党组织的组织力主要体现在三个方面：基层党组织对党的方针政策所具有的宣传力和执行力，基层党组织对自身所具有的革新力和锻造力，基层党组织对人民群众和基层社会所具有的动员力和发展力。基层党组织组织力的三个方面并不是绝对孤立的，是一种相互影响、相互制约的关系。因此，必须辩证地看待基层党组织组织力的三个方面。① 中小学校党组织要发挥领导作用，必须加强学校党组织的组织力，把党的领导贯穿到办学治校、教书育人的全过程。

（2）坚持问题导向，查找中小学校党组织组织力的短板

提升中小学校党组织的组织力，应坚持问题导向，从中小学校基层党组织建设中的重点、难点、热点问题中，查找影响基层党组织组织力的因素。

第一，整体上看，党组织建设工作不平衡。不同地区中小学校党建工作存在显著差异，同一地区不同中小学校之间党建工作也不相同。由于各地、各个学校，对党建工作的重视程度不同，造成学校党建工作开展力度也不同，党组织建设也呈现不一样的

---

① 江家城、寇清杰：《新时代基层党组织组织力的内涵解析、生成逻辑与提升路径》，《党政研究》2019 年 7 月。

态势。一些大城市中小学校党组织建设比较健全，党建工作开展得相对较好；一些偏远地区的中小学校，有的还没有建立党组织。

第二，一些中小学校党组织书记没有树立"抓好党建是本职、不抓党建是失职、抓不好党建是不称职"的思想。受升学压力的影响，一些学校把教学业务作为学校工作重中之重，甚至把升学率当作压倒一切的指标，学生成绩成为学校工作的"指挥棒"。学校党政领导几乎把全部精力用在提高学生的学习成绩上，其他工作，除了迫不得已要做外，能放的都会放到一边。党建工作"说起来重要，做起来次要，忙起来不要"的情况依然存在，有些学校党组织的负责人开展党建工作只立足于"是否做"上，而没有放在"是否有成效"上，工作中形式主义问题依然存在。

第三，一些党务干部本领恐慌。一是学习缺乏主动性，导致党务工作政策不熟，业务不熟。二是工作缺乏主动性。部分党务干部思考本单位党建工作的主动性不强，政策不清、底数不明，应付式、被动式开展工作。三是实践缺乏创新性。部分党务干部把"党建工作"和"业务工作"完全割裂开，不善于抓党员思想教育，不善于做群众思想工作，不善于组织群众、宣传群众、凝聚群众、服务群众，导致党建与业务工作"两张皮"。

第四，一些党员教师积极性不高。在中小学校党建工作中，党员教师是重要的参与者，但是很多中小学校的党建工作却忽视了对党员教师的政治思想教育，没有专门针对党员教师的教育和培养制度。这就使党员教师在工作中没有能够发挥出先锋模范作用。一些学校过分注重教师的教学能力和教学水平，而对教师的思想道德素养和党性觉悟方面却没有相关的考核机制，导致了党员教师对党建工作缺乏足够的认识和了解，政治思想觉悟不高。一些学校的党组织书记说："把党员培养成骨干教师'易'，把骨干教师培养成党员'难'。"

第五，一些学校党组织党内政治生活不正常。有的基层党组织，党内组织生活制度不能坚持，党课、思想汇报等制度得不到有效落实；有的基层党组织，组织生活程序不规范，内容缺乏创新，执行组织制度流于形式。一是党员管理有待加强。"三会一课"制度落实有待加强，一些学校党组织存在重教育教学、轻理论学习的现象；党员干部的管理不够严格，管理手段不够完善，各项规章制度还不够健全，党员的积极性有待提高，需要进一步发挥党员干部的先锋模范作用。二是党建活动流于形式，浮于表面。当前，有一些中小学校党组织开展党建工作，活动形式单一、陈旧，内容枯燥，流于表面，没有集中力量解决教职工关心的重点、难点、热点问题，目的就是为了应付检查和考核。

第六，一些学校党组织落实党建责任制不到位。有的中小学校党组织主体责任、第一责任人责任、共管责任、具体责任压紧压实不到位，存在"上热下冷、上紧下松"现象。有的中小学校党组织未能充分发动党组织班子成员和普通党员，抓党建工作主要靠党总支书记、党支部书记、专职组织员等少数党务工作者"单打独斗"。这样开展的组织活动很难吸引党员参加，党建工作很难有成效。

（3）提升中小学校党组织组织力的"系统工程"

提升中小学校党组织组织力，是党的建设工程在中小学校的一项系统工程、战略工程。为确保中小学校党组织组织力快速提升，当前应从以下几方面发力。

第一，合理设置学校党组织。中小学校党组织设置的基本原则是：以加强党的领导为目标，以加强党员教育管理为立足点，把优化中小学校党组织设置与加强学生思想政治教育、加强党员队伍建设有机结合起来，不断增强基层党组织建设的系统性、整体性和实效性。在实践中，一是必须与学校发展总体规划相统一，与学校长远发展要求相吻合，与学校的规范管理及和谐校园建设需求相一致。二是根据学校规模的大小、党员人数、学校的情况，科学合理设置基层党组织，确保中小学校基层党组织组织关系清楚、组织体系健全。经上级党组织批准，党员 100 人以上的学校可成立基层党委，党员人数 50—100 人的学校可成立党总支部委员会，党员 3 人以上的学校可成立党支部委员会。三是针对一些地方中小学校党员人数较多、学校分散，集中开展活动难、党员参加活动难、党的作用发挥难，不便于党员教育管理的实际，党员人数 3 人以下的，可与其他学校建立联合党组织，或挂靠其他学校党组织。对没有党员的学校，应选派党建工作指导员，开展党的工作，并通过调配、优先聘用党员教师等，尽快建立党组织。

第二，选配好党组织领导班子。一些中小学校党组织之所以软弱涣散，就在于党组织领导班子软弱乏力。因此，中小学校党组织建设的关键是选好配强学校党组织领导班子，特别是选拔党组织的带头人，确保其"领头雁"效应的充分发挥。既要保证选配出来的带头人政治品质好，又要保证其能力强、业务水平高。要坚持德才兼备、以德为先的用人标准，按照公开、公平、公正的原则，把教职员工中具有较高威信的党员选拔到党组织领导班子中去。

第三，做好发展党员工作，优化党员队伍结构。发展党员是一项政策性很强的工作，因此，中小学校党组织要坚持把严格发展程序和纪律作为确保新党员质量的关键环节，坚持成熟一个发展一个。要严格执行《中国共产党发展党员工作细则》，研究中小学校党建工作规律，积极探索中小学校党建工作和立德树人的最佳结合点，加大在优秀青年教师和教学一线教师中发展党员力度，引领党员教师带动非党员教师，帮助学生坚定理想信仰，树立正确的人生观、世界观、价值观。要了解和掌握入党动机，严格入党程序，认真执行发展党员公示制、备案制，严把入党关，严把预备党员转正关，把那些思想先进、工作能力过硬、政治优秀的教师吸收到党的队伍中，确保党的队伍的纯洁性。要强化发展党员工作责任追究制。上级党组织对不坚持标准、不履行程序和培养考察失职、审查把关不严的党组织及其负责人、直接责任人要进行批评教育，情节严重的给予纪律处分。对违反规定吸收入党的党员，一律不予承认。

第四，加强党员教育、管理，发挥党员先锋模范作用。中小学校党组织要加强对党员的教育和管理，用习近平新时代中国特色社会主义思想武装头脑，不断提高党员的理论水平和解决实际问题的能力。要以主题党日、"三会一课"、组织生活会、民主评议党员、谈心谈话、党员政治生日等党内政治生活为抓手，全面抓好党员教育培训工作。要严格党内组织生活，自觉执行党的纪律和有关规定，加强师德师风建设，锻造高尚师魂。把优秀教师培养成党员，把党员教师培养成业务尖子，把党员优秀教师培养成加强党组织的骨干力量。

第五，整顿软弱涣散的基层党组织。组织力是组织的合力，软弱涣散的组织是无法提升组织力的。只有从严从实整顿软弱涣散，强化党组织的凝聚力、号召力和战斗力，基层党组织才会重新焕发新的活力。

第六，建强党务工作者队伍。中小学校党务干部是中小学校党建工作的组织者、开拓者，是中小学干部队伍的核心力量。做好中小学校党建工作，关键是具有一支党性强、业务精、作风正、纪律严，具有创新精神和创新能力的高素质党务干部队伍。要建立党务、行政干部双向交流制度，打破党务干部终身制，有组织、有计划地安排党务与行政、教学人员的双向交流。要结合党务工作特点制定完善党务干部考核评价标准，并纳入党务干部考评体系，将考评结果作为党务干部任职、晋升和奖励的依据，及时调整考核达不到要求和不能胜任工作的党务干部。要抓好党务干部队伍的培训教育和实践锻炼，不断提高党务干部的理论素养、业务水平和工作能力。要建立健全党务干部队伍的激励保障制度，建立专项评优奖励制度，帮助解决工作中的难题，努力实现"有人管事""有章理事""有钱办事"。

总之，工欲善其事，必先利其器。提升中小学校党组织的组织力，要根据本校党组织运行发展的实际，以问题为导向，找到短板，然后有针对性采取措施，使基层党组织的思路、目标清晰反映出来，党员的思想、力量有效凝聚起来。

3. 完善中小学校党组织工作运行机制

"基础不牢，地动山摇。"高质量党建引领中小学立德树人，前提是把学校党组织建设好、建设强。要扎实推进学校党建工作机制的创新，从实际出发，建立一套务实有效的、有本地本校特色的工作制度，避免形式主义和教条主义，把基层党组织建设成为推进教育教学改革发展的坚强战斗堡垒，确保学校党建工作真正为立德树人和教育改革服务。

第一，坚持党管干部的原则，坚持"为发展配干部"的用人理念和"干事、创业、求发展"的用人导向，党组织按照干部管理权限，负责干部的选择、教育、培养、考核和监督，协助校长推进干部人事制度改革，完善学校领导班子建设。

第二，健全议事决策制度。推行党组织与行政领导班子成员双向进入、交叉任职，保证党组织在重大事项决策中的地位。明确党组织参与决策具体内容和程序，规范党组织会议、党政联席会议制度，按照民主集中制原则集体讨论决定重要事项。对重大议题和事项，党组织与行政领导班子成员要充分沟通酝酿、形成共识。定期组织党员、教职工代表等听取校长工作报告和重大事项情况通报，保证对决策实施的监督。

第三，引领广大党员在学校教育教学工作、党员志愿服务活动中创先争优。建立健全党组织班子成员和党员联系服务师生制度，让党员骨干在教师中树立榜样，使党员成为教师队伍领头羊。

第四，落实党风廉政建设责任制，杜绝教育教学中的不正之风。督促关于解决"四风"问题各项制度的完善和落实，强化领导干部办公用房、公务用车、公务接待、兼职兼薪、承担教学科研任务、因公因私出国（境）等情况的监督。维护群众利益和教育公平、公正，努力营造风清气正的育人环境，维护学校改革发展大局。

第五，健全党建工作考核机制，将党建工作列入学校目标管理范围，使党建工作与教育教学工作"同目标、同责任、同落实、同检查、同考核、同奖惩"。要在进一步完善校长负责制的前提下，建立和健全学校党建工作责任制，逐步规范学校党建工作的主要内容，加强党对中小学工作的全面领导，完善"党政分工负责，协同作战"的领导运行机制。要严格执行党的制度和纪律，要坚持"党要管党""从严治党"的原则，加强督促检查，真正做到学校党政工作目标一致、责任明晰、坚持原则、相互支持、密切配合，确保党建工作责任制落到实处。

此外，中小学校党员干部要带头坚持与党员谈心谈话制度，定期倾听党员反映个人的生活工作情况，听取对党组织工作的意见建议。积极运用现代信息技术手段开展党组织活动，通过建立网上党员意见建议平台、建立党支部微信群等多种形式，让党组织随时能听到党员的心声，增强党建活动影响力吸引力。

4. 发挥中小学校党员先锋模范作用

中小学校的党员是走在全校教师前面的排头兵，不仅要在政治上靠得住，而且要在业务上要特别优秀，具有带领广大群众前进的能力和本领。推进高质量党建引领中小学立德树人，必须充分发挥党员的先锋模范作用。

第一，中小学校党员要带头在学校各项工作中讲政治、讲团结、讲大局、讲正气。要带头讲团结，坚持和贯彻落实好民主集中制，自觉作团结干事的表率，发挥"关键少数"的关键作用。遇事坚持原则，不随声附和，多交流多沟通，多作自我批评，力求以理服人，用团结和谐的形象和示范作用来凝聚人心，用人格魅力影响、感召、带动党员教师自觉维护学校发展大局，多说有利于学校发展的话，多干有利于学校发展的事，维护学校安定团结的政治局面，提高党组织的威信和战斗力。要坚持党性原则，用好"团结——批评——团结"的公式，开展积极健康的思想斗争，推动形成团结向上的风气。

第二，中小学校党组织要引导党员要爱干事、会干事、能成事。爱干事，就是把教师职业当成终身事业，把工作目标当成个人追求；会干事，就是能够示范着干、带头去干、科学地干；能成事，就是不怕吃苦、甘于奉献、保证完成。学校党组织的主要领导成员要注重提高决策能力，推动学校的全局发展；党员中层干部要注重提高执行能力，促进部门工作的开展；普通党员要注重提高党性认识和业务素质，在教书育人的岗位上带头践行社会主义核心价值观。凡是学校工作中需要攻坚的任务，党组织都要发动、组织党员，联系入党积极分子，团结教职工，一起突破。例如，学校在课题研究、课堂教学改革中，可以充分调动党员和入党积极分子的先锋模范作用，鼓励他们争做教学能手、学科带头人，积极承担高质量的公开课（示范课），并成为备课组、教研组交流发言的带头人。要把党员先进与教师先进作为一个整体进行考虑，通过党员先进带动教师先进，通过党建工作带动教学工作。此外，党组织要通过开展内容丰富、形式多样的主题实践活动，让党员教师成为学生的良师益友。

第三，坚持"榜样"带动常态化。中小学校党组织要进一步强化宗旨观念和党员意识教育，深入开展"亮身份、树形象、作表率"活动，不断强化"共产党伟大、党员光荣"的理念，不断增强政治组织观念，增强广大党员的光荣感、责任感和使命感。通过设置党员活动日、党员开放日、党员自愿服务站、党员示范岗，划分党员"责任区"，创建党员"联系点"，建立党员干部"一帮一"的机制，激发每一位党员的主动性，让每一位党员自党发挥"从我做起、向我看齐、对我监督、有困难找我"的模范带头和示范带动作用。此外，可以结合中小学教育工作的实际，为无职党员教师设置学校治安岗、科研岗、计生监督岗、校务公开监督岗、心理咨询岗、文明行为监督岗等岗位，使无职党员"有岗有责、有位有为"，激发党员教师争做优秀党员的内在动力和自觉性。

第四，中小学校党员教师要以自身的党性修养及人格魅力引导、教育、感染和熏陶学生，全面提高学生德智体美劳综合素质。党员教师既是共产党员，又是人民教师，党员模范带头作用的发挥，对于推动教师队伍建设和提高教育教学水平也有着至关重要的作用。党员教师要充分认识到发挥模范带头作用的重要性，要勇于承担责任，设法冲破过去的条条框框，充分解放思想，敢于创新，以强烈的责任感、使命感，积极投身到教育事业中，把立德树人的要求落实到实际行动中，充分展示党员教师做学生锤炼品格、学习知识、创新思维和奉献祖国的引路人作用。

第五，健全促进中小学党员发挥先锋模范作用的工作机制。中小学党员有了对教育事业的献身精神，才会在工作中执着追求，用自己高尚的品德去培养学生高尚的品德。因此，要紧紧围绕"建设一个好班子，培育一支好队伍，创建一个好机制，建立一套好制度"的目标要求，发挥好党员的先锋模范作用，健全把教学管理骨干教师培养成党员、把党员教师培养成教学管理骨干的"双向培养"机制。优秀教师、模范班主任、师德标兵、教改能手、教科研先进个人、优秀备课组、优秀教研组、优秀班集体等，应成为学校党组织评选优秀党员和党支部的重要参考内容。这样有助于发挥广大党员教师先锋模范作用，使之积极投身教育教学中，带动越来越多的教师共同致力于培养更多的优秀人才。

总之，党的路线方针政策要依靠党员带领广大教职工去完成。因此，中小学校党组织的领导核心作用是通过党员的先锋模范作用来实现的。推进高质量党建引领中小学立德树人，就是要善于把这种优势变成推动教育教学工作和人才培养的优势，从教学和人才培养的实际情况出发，善于发挥党组织的战斗堡垒作用和党员先锋模范作用，把党的教育理念、方针和政策运用于具体的工作中，把党的教育理念、方针和政策贯彻落实好。

第二章　创建灯塔型党组织，坚定理想信念

灯塔坚定而执着，始终坚守在港口，为迷失方向的航船带来希望。马克思主义是科学的理论，随着时代、实践发展而不断发展，永远是指引我们前进的灯塔。推进高质量党建引领中小学立德树人，客观上要求学校创建灯塔型党组织，教育广大党员干部和教师自觉坚持以马克思主义为指导，自觉把马克思主义中国化最新成果——习近平新时代中国特色社会主义思想贯穿研究和教育教学全过程，在增强自身理论自觉的同时，把这一科学理论传递给广大学生。

一、发挥灯塔型党组织的思想引领功能

习近平总书记强调，要培养能够担当民族复兴大任的时代新人。高质量党建引领中小学立德树人，要创建"灯塔"型党组织，充分发挥学校党组织的思想引领功能。要以坚定的理想信念筑牢精神之基，在全体师生中加强理想信念教育，深化社会主义和共产主义宣传教育，深化中国特色社会主义和中国梦宣传教育，加强党史、国史、改革开放史、社会主义发展史教育，引导广大师生坚定不移听党话、跟党走。要将社会主义核心价值观融入教育教学全过程，加强和改进思想政治工作，引导广大师生做

社会主义核心价值观的坚定信仰者、积极传播者、模范践行者。

1. 在意识形态领域坚持马克思主义的指导地位

习近平总书记强调，经济建设是党的中心工作，意识形态工作是党的一项极端重要的工作。能否做好意识形态工作，事关党的前途命运，事关国家长治久安，事关民族凝聚力和向心力。青少年的成长，是身体成长和思想成长的统一。两个成长过程影响现在、塑造未来，关乎培养未来的建设者和接班人。意识形态工作的本质是人的工作和思想工作，教育战线作为党的意识形态工作的独特战线，既生产思想又消费思想，既生产舆论又消费舆论，既生产理论又消费理论，既生产文化又消费文化。这种独特性决定了在教育领域加强意识形态工作的重要性。因此，加强中小学意识形态阵地建设，牢牢把握学校意识形态工作领导权，是一项战略工程、固本工程、铸魂工程。

马克思主义中国化是在我们党为实现党的历史使命和奋斗目标而斗争的过程中推进的，是在改造客观世界和主观世界的实践中形成的。中小学校党组织要大力加强思想政治建设，坚持用习近平新时代中国特色社会主义思想武装广大党员、师生的头脑。党员和教师要自觉地加强马克思主义的理论学习，不断增强党性修养，永葆共产党人的先进性，树立正确的世界观、人生观、价值观，在教书育人工作中，充分发挥先锋模范作用，积极践行党的教育方针政策，坚持立德树人的正确方向，在传授专业知识、培养职业技能的同时，把思想政治教育渗透到传道授业解惑之中，努力把学生培养成为适应社会主义现代化建设需求的"四有"新人。

一方面，要抓好教师讲政治这个关键。教育大计，教师为先。中小学教师，对于引导和帮助学生把握好人生方向起到启蒙的关键作用，更应以德施教、以树德立身为己任，以躬行示范帮助学生系好"人生的第一粒扣子"。习近平总书记提出的好教师标准中，把"有理想信念"放在首位，强调正确的理想信念是教书育人、播种未来的指路明灯。2018年，中共中央、国务院印发《关于全面深化新时代教师队伍建设改革的意见》强调，"确保党牢牢掌握教师队伍建设的领导权，保证教师队伍建设正确的政治方向"。因此，广大中小学教师必须要时刻牢记"教育是为人民服务、为中国特色社会主义服务、为改革开放和社会主义现代化建设服务的，党和人民需要培养的是社会主义事业建设者和接班人"① 的根本要求。中小学校党组织要引导教师将"旗帜鲜明讲政治"内化融入，并最终转化为"润物细无声"的教育输出。在实际工作中，要经常组织教职工进行政治学习，用习近平新时代中国特色社会主义思想武装头脑，有效地开展思想政治教育工作，只有切实加强学校教师队伍共同理想及人生观、价值观的培育，使教师的思想有正气，工作有锐气，育人有才气，行为有志气，学校才能真正形成以党组织为核心，聚精会神抓教育，一心一意谋发展的新局面。

另一方面，重视意识形态，落实工作责任。中小学校党组织的思想建设要以坚定理想信念宗旨为根基，落实意识形态工作责任制。一要用好课堂。强化思政课堂政治引导，以时政新闻微评、法律知识竞赛为抓手，加强课堂主渠道的政治引导，强化爱国情感和使命驱动，激励学生勇担时代重任。二要守好阵地。针

---

① 习近平：《做党和人民满意的好老师——同北京师范大学师生代表座谈时的讲话》，《人民日报》2021年9月10日。

对学校宣传阵地、微信公众号、党建信息平台、校内刊物等网络空间宣传载体，分级分类增加信息发布和审核限制管理制度，落实网络意识形态责任。三要时刻关注青少年学生的思想、政治、道德素质发展状况，经常研究分析如何把习近平新时代中国特色社会主义思想融入教育教学全过程，促进青少年学生养成良好思想政治道德品质和行为习惯。

2. 传承红色基因，加强"四史"学习教育

历史是最好的老师，它忠实记录下每一个国家走过的足迹，也给每一个国家未来的发展提供启示。学史明理、学史增信、学史崇德、学史力行。习近平总书记多次强调，要"让红色基因代代相传"。红色基因体现党的性质宗旨和精神面貌，涵盖维护核心、崇高信念、为人民服务、艰苦奋斗等多项内容。红色基因教育是中小学生政治启蒙教育的灵魂。组织开展传承红色基因教育，有利于帮助学生了解历史、认清现实、坚定信仰，增强爱国主义情怀。

我们党的历史，是矢志践行初心使命、筚路蓝缕奠基立业、创造辉煌开辟未来历史。回望过往的奋斗路，眺望前方的奋进路，我们必须把党的历史学习好、总结好，把党的成功经验传承好、发扬好。对加强党史、新中国史、改革开放史、社会主义发展史教育提出新要求，体现了以习近平同志为核心的党中央深邃的历史思维、深远的历史眼光、深厚的历史情怀。

青少年是祖国的未来、民族的希望，是党史、新中国史、改革开放史、社会主义发展史教育的重点群体。"四史"学习教育，可以让青少年深刻感受中国共产党百年历程的艰辛与伟大。要全面贯彻党的教育方针，引导广大青少年学生读懂历史这部最好的

教科书，从中源源不断汲取思想养分，立鸿鹄志、做奋斗者，努力成长为担当民族复兴大任的时代新人。

加强"四史"学习教育，要突出主题，引导广大青少年学生认真学习我们党领导人民在革命、建设、改革中取得的辉煌成就、积累的宝贵经验，重点学习不同时期涌现出的人民英雄和先进模范，牢固树立人民群众是真正英雄的唯物史观，弘扬革命精神；引导广大青少年学生认真学习党领导人民推进中华民族伟大复兴的光辉历程，教育引导青少年大力发扬红色传统、传承红色基因，赓续共产党人精神血脉，鼓起迈进新征程、奋进新时代的精气神，在新征程上书写奋斗追梦的人生华章。

3. 培育和践行社会主义核心价值观

积极培育和践行社会主义核心价值观，对巩固马克思主义在意识形态领域的指导地位、巩固全党全国人民团结奋斗的共同思想基础具有重要意义。少年强，则中国强。中小学是培育和践行社会主义核心价值观的重要阵地，广大少年儿童在中小学阶段开始了对世界的最初认知，对人生的懵懂思考和对价值的最初认同。对青少年进行社会主义核心价值观教育，在他们中间播下一颗颗希望的种子，对实现中华民族伟大复兴的中国梦具有深远的意义。

社会主义核心价值观的内涵主要体现在富强、民主、文明、和谐、自由、平等、公正、法治、爱国、敬业、诚信、友善这24字箴言上。在2014年"六一"国际儿童节，习近平总书记在参加北京市海淀区民族小学庆祝活动时强调，要让社会主义核心价值观的种子在青少年儿童心中生根发芽、真正培育起来，做到记住要求、心有榜样、从小做起、接受帮助。中小学校党组织必须牢牢把握社会主义核心价值观教育这个关键，通过价值观教育引导广大少年儿童树立远大志向、培育美好心灵。这是广大中小学校党组织最重要的使命所系、职责所在。

中小学校党组织要坚持多措并举、全力推进，深入宣传社会主义核心价值观，形成主题鲜明、覆盖广泛的良好格局，进而营造出浓厚的社会主义核心价值观宣传氛围。一方面，要利用校园广播、校园网、道德讲堂、校园新媒体等平台积极发布师生身边涌现的典型事迹，积极营造见贤思齐的校园氛围。另一方面，要积极开展道德模范在身边的好人宣讲活动，不断完善先进典型挖掘机制，通过"优秀学生""优秀教职员工"评比等活动，充分发挥先进典型的示范引领作用，大力宣传和传播社会正能量。

中小学校党组织要努力把社会主义核心价值观体现到学校党员干部教育管理全过程，融入到党员干部日常工作学习生活中，以党员干部的模范带头作用推动全校培育和践行社会主义核心价值观的深化。引导学校广大党员干部增强政治敏锐性和政治鉴别力，自觉划清马克思主义同反马克思主义的界限，社会主义公有制为主体、多种所有制经济共同发展的基本经济制度同私有化和单一公有制的界限，中国特色社会主义民主同西方资本主义民主的界限，社会主义思想文化同封建主义、资本主义腐朽思想文化的界限，始终保持立场坚定、头脑清醒。

中小学校党组织要引导教师以课堂为载体，以校园为阵地，使社会主义核心价值观浸润学生们的心田，转化为正确行动。要倡导"爱+智慧"理念下教书育人、管理育人、服务育人、环境育人的校园文化，着力打造和培育优秀教师队伍，追求"办高品质、有灵魂的学校"。

中小学校党组织要根据少年儿童的年龄和特点，把社会主义核心价值观融入课堂、融入教材，促进学生养成良好的思想品德和行为习惯，使社会主义核心价值观的种子在学生们心中生根发芽。为了使学生积极践行社会主义核心价值观，要重视培养学生的价值取向，帮助学生树立正确的个人价值观念，使学生从小养成爱党、爱祖国、爱社会主义的良好思想品德和行为习惯，"扣好人生第一粒扣子"。要引领学生以德修身、以德领才、以德润才，通过不断增强学生的价值判断能力、价值选择能力、价值塑造能力，引领学生健康成长，形成正确的政治观点和人生价值取向，教导学生正确处理好国家、集体和个人三者关系，自觉把个人人格修养与关心国家命运结合起来，把个人理想与中国梦、个人价值与国家发展结合起来。要积极组织开展社会服务和社会实践活动，在社会实践中强化实践养成。特别是深入社会和基层进行调查研究，开展道德实践、志愿者服务等主题活动，认识国情、磨炼意志、提高修养，加深对社会主义核心价值观的理解，增强服务人民、奉献社会、报效祖国的社会责任感。

中小学校党组织要积极引导校园文化建设，通过营造良好的氛围推动社会主义核心价值观入脑入脑入耳入心。文化育人是学校教育的重要特征，具有潜移默化和"润物细无声"的特点。要把校园文化建设作为精神文明建设的重要载体，把社会主义核心价值观贯穿校园文化建设的各个方面。

值得注意的是，在新媒体环境下，一些中小学校培育和践行社会主义核心价值观的工作存在着培育过于片面、培育方法不当等问题。随着新媒体的发展，弘扬社会主义核心价值观的手段也随之丰富，教师对学生的社会主义核心价值观教育方式方法也得到了有效地拓宽。然而在实际教学过程中，一些教师没能根据实际情况对学生进行生动阐释，致使学生没有从根源上去理解社会主义核心价值观，不能完全吸收核心价值观的内在精神，从而导致学生无法有效地践行社会主义核心价值观。因此，在新形势下，我们必须要重视培育和践行社会主义核心价值观的方式方法。通过不断拓宽教学思路，不断转变教学方法，及时发现教学中存在的不足，从根本上提升学生的价值思想内涵，进而推进学生对价值观的实践能力。中小学校应依据新媒体环境，不断完善价值教育，将社会主义核心价值观生活化，不断提升学生的感知和领悟能力。通过将其与个人价值观念相融合，帮助学生解决生活中的各种问题，从而给学生提供一个展示自我、放飞自我的平台。通过将理性的知识灌输，逐渐向情感灌输转移，从而给学生营造一个宽松自如的学习环境，进而使学生能够更好地消化相关知识，将价值思想落实在日常生活中。

4. 组织好中小学党课

当前，中小学校党组织"三会一课"，尤其是为全体党员上党课时，往往存在着支部成员时间少、任务多、工作繁重，教师党员教学任务重、授课时间分散、党员听不懂、不实用等问题。党课不仅是党员干部提升自我的一个学习平台，更是传递党的声音的一个重要渠道。新形势下，如何组织好中小学党课，成为中小学校党组织需要认真完成的一项任务。

一方面，党课教材要做到观点正确，内容和提法必须同党的路线方针政策保持一致。在准备党课教材之前，需要做好调查研究，分析党员的思想状况，找准存在的突出问题，做到实事求是，有的放矢。党课的语言要通俗易懂，生动活泼，深入浅出。

要丰富党课的形式，提升党课的内容质量，特别是要将党课的内容同时代的发展结合起来，多讲社会的热点焦点，用一个个鲜活的例子传递正能量。

另一方面，要积极利用新媒体创新形式，结合时代创新内容，借助互联网搭建党课学习平台，充分发挥基层党建云平台的作用，利用云计算的存储介质、大数据等信息技术，将党建会议材料上传到基层党建云平台。同时，利用"互联网+"、新媒体平台等来进行党课宣讲，开辟党课微课堂。通过线下集中讲授、线上上传党课视频等方式，形成课内课外互补，授课人与听课人互动的良好局面，从而提高党课的教育效果。用手机、电脑上起"微党课"，创新党员学习教育方式，既节约时间，又方便党员。通过党课微课堂，随时讲解党建新政策、新理论，让党员干部及时"充电蓄能"。另外，在信息平台定期设立主题讨论，让党员干部实时交流学习心得，引导党员正面发声，建立风清气正的政治环境，营造良好的干事创业氛围。

二、为中小学师生培根铸魂

理想信念是人生基石。站在"两个一百年"的历史交汇点，我们要乘势而上开启全面建设社会主义现代化国家新征程，砥砺奋进谱写中华民族伟大复兴新篇章。中小学灯塔型党组织要主动作为，为中小学师生培根铸魂，引导大家做到"三个坚定"。

1. 坚定共产主义远大理想

"志不立，天下无可成之事。"对于近代中国的仁人志士来说，立志特别是立起科学远大之志，绝非易事。鸦片战争以后，中国社会一批批具有忧患意识的知识分子纷纷从各种各样的"主义"中探求救国图强的良方。然而一直到中国共产党的成立，特别是把共产主义、社会主义作为奋斗目标，才开始给中国社会带来翻天覆地的变化。正是在这一理想信念的激励和引领下，我们党才具有了高度的理论自觉、政治自觉和实践自觉，带领中国人民谱写了中华民族发展史上不能忘却、不容否定的壮丽篇章。

习近平总书记指出："坚定的理想信念，必须建立在对马克思主义的深刻理解之上，建立在对历史规律的深刻把握之上。"①共产主义、社会主义的理论基础是马克思主义，中国共产党信仰的定力也来源于马克思主义。中国共产党和中国人民之所以选择马克思主义，很重要的一条就是他们描绘的社会理想符合人类社会发展进步方向。

马克思主义是在批判地吸收前人优秀思想成果、总结人类历史经验的基础上创立的科学理论，是人类文明成果的集大成，它深刻揭示了自然界、人类社会和思维发展的普遍规律。正是因为有了辩证唯物主义和历史唯物主义这个"望远镜"和"显微镜"，我们才能深刻认识世界的本质、理解人与外部世界的关系，才能洞察人类社会发展规律、把握历史发展大势。就在 21 世纪来临的时候，马克思被西方思想界评为"千年第一思想家"。只有坚定共产主义远大理想和社会主义共同理想，中小学的广大师生才能在未来辨明政治方向、站稳政治立场。

共产主义作为一种崭新的社会理想，是人类历史上最美好、最进步、最合理的社会形式，因此，我们党把实现共产主义作为

---

① 《习近平谈治国理政》第二卷，外文出版社 2017 年版，第 35 页。

自己奋斗的最终目标。共产主义不仅是一种理想的社会制度，而且是一种科学的理论体系，还是一种运动。共产主义的实践活动时刻就在我们身边。因为实现共产主义是一个阶段一个阶段地由低级到高级向前发展的过程。每一阶段都有自己的特定任务。当前，我国开启了全面建设社会主义现代化国家的新征程，为建设社会主义现代化国家而工作，就是为共产主义大厦添砖加瓦。所以，我们现在的工作都是在为共产主义的远大理想而奋斗。

我们坚信，历史将按着客观规律向前发展，共产主义的实现是人类社会发展的必然结果。但是，我们也必须懂得，共产主义的实现、社会主义制度的发展和完善都需要一个长期的过程，它是在曲折和反复中前进的。那种只看到社会主义制度的优越性而存在"速胜论"的观点是不现实、不科学的，而那种没有看清社会发展的规律、对共产主义悲观失望的观点也是错误的。尽管当前国际风云变幻，但社会发展总趋势是不可逆转的。中国共产党自成立之日起，就把实现共产主义作为自己的纲领和奋斗目标而为之奋斗，未来必将继续奋斗下去。

2. 坚定中国特色社会主义信念

实现共产主义是一个漫长的历史过程，是一代又一代共产党人的接力跑的伟大航程。坚定共产主义远大理想，就必须坚定中国特色社会主义信念，二者是统一的。

中国特色社会主义道路来之不易，它是在改革开放 40 多年的伟大实践中走出来的，是在中华人民共和国成立 70 多年的持续探索中走出来的，是在对近代以来 180 多年中华民族发展历程的深刻总结中走出来的。近代以来中国历史的发展证明，只有社会主义才能救中国，只有中国特色社会主义才能发展中国。我们选择社会主义、发展中国特色社会主义，是符合中国社会发展需要和中国最广大人民利益的，只有选择这样的道路才能实现中华民族的伟大复兴；发展中国特色社会主义既是历史的选择，也是现实的选择。发展中国特色社会主义是一项长期的事业，不是几年或者几十年的时间就能完成的。当前我国尚处在社会主义初级阶段，中国特色社会主义还要向更高阶段发展，还要经过长期的努力奋斗。中国共产党带领人民进行了艰苦卓绝的努力，为当代中国一切发展进步奠定了根本政治前提和制度基础，开启了改革开放新的伟大革命，破除阻碍国家和民族发展的一切思想和体制障碍，开辟了中国特色社会主义道路，使中国大踏步赶上了时代潮流。

中国特色社会主义进入新时代，为广大中小学师生实现人生出彩搭建了广阔舞台。新形势下，中小学校党组织要引导中小学师生始终坚定马克思主义信仰，要组织师生深入学习马克思列宁主义及其中国化的系列成果，深刻领会贯穿其中的马克思主义立场、观点、方法，坚守共产主义远大理想和中国特色社会主义共同理想。一方面，要坚信有习近平同志作为党中央的核心、全党的核心领航掌舵，有全党全国各族人民团结一心、顽强奋斗，我们就一定能够战胜前进道路上的各种艰难险阻，一定能够在新时代把中国特色社会主义更加有力地推向前进。另一方面，要将深刻领会马克思主义立场、观点、方法同推动学校科学发展结合起来，从理论和实践、历史和逻辑的统一上加深理解，不断增强学习贯彻习近平新时代中国特色社会主义思想的自觉性和坚定性，切实推进党的理论创新成果进教材、进课堂、进头脑。

中小学教师应本着"立德树人，教书育人"的教育理念，恪尽职守、敬业爱生，为人师表，坚持育人为本的教育观，以素质教育为主线，积极探索、勇于创新，促进学生的全面发展。广大青少年学生应不辱时代使命、不负人民期望，坚定中国特色社会主义共同理想和共产主义远大理想，自觉将个人愿望、个人梦想融入中国特色社会主义伟大事业。

3. 坚定"四个自信"

一个政党、一个民族、一个国家，要实现自己的伟大梦想，首先要有自信。这种自信是出于对自身优势的正确认识，从而形成对自身发展方向和前途命运的坚定信心。

"四个自信"即中国特色社会主义道路自信、理论自信、制度自信、文化自信。2012 年，党的十八大报告中提出道路自信、理论自信、制度自信。2016 年，习近平总书记在庆祝中国共产党成立 95 周年大会上提出了文化自信。2017 年，党的十九大将"四个自信"写入了党章。

现实是历史的延续和发展，不了解历史就难以把握现实、预测未来。历史和现实一再表明，只有社会主义才能救中国，只有中国特色社会主义才能发展中国，它是发展进步的旗帜，是中国共产党和中国人民团结的旗帜、奋进的旗帜、胜利的旗帜，也是实现中华民族伟大复兴的必由之路。特别是改革开放以来，党带领人民不断开辟中国特色社会主义事业新境界，持续夯实道路自信、理论自信、制度自信、文化自信的根基。

道路自信是对发展方向和未来命运的自信，理论自信源于中国特色社会主义理论体系的科学性、人民性、开放性，中国特色社会主义制度的本质特征和优越性是坚定制度自信的依据，文化自信是更基础、更广泛、更深厚的自信。

有自信，才有底气和力量，也才能把握全局、决胜开局。有了"自信人生二百年，会当水击三千里"的勇气，我们就能毫无畏惧面对一切困难和挑战，就能坚定不移开辟新天地、创造新奇迹。党的十九届四中全会阐述了我国国家制度和国家治理体系13个方面的显著优势并指出，这些显著优势，是我们坚定中国特色社会主义道路自信、理论自信、制度自信、文化自信的基本依据。深入理解和领会这一判断有助于我们更加坚定"四个自信"，有助于我们满怀信心地投入到新时代中国特色社会主义伟大事业中去，为实现中华民族伟大复兴中国梦接续奋斗。在新的长征路上，广大中小学师生要准确把握"四个自信"的核心要义、深刻内涵和现实基础，始终高举伟大旗帜、坚定"四个自信"，不断夺取中国特色社会主义新胜利。

三、推动中小学思想政治教育工作创新

教育是国之大计，承担着立德树人的根本任务。思想政治教育是指一定的阶级、政党、社会群体用一定的思想观念、政治观点、道德规范，对其成员施加有目的、有计划、有组织的影响，使其形成符合一定社会、一定阶级所需要的思想品德的社会实践活动。思政课是落实立德树人根本任务的关键课程，发挥着不可替代的作用。处在基础教育阶段的中小学校，应加强党对新时代学校思想政治理论课建设的绝对领导，积极推动思想政治教育工作创新，增强思政课的思想性、理论性、针对性，建设一支政治强、情怀深、思维新、视野广、自律严、人格正的思政课教师队伍。

1. 青少年时期是世界观、人生观、价值观形成的重要阶段

未成年人，一般指 18 周岁以下的公民，我国这一年龄阶段的绝大多数人是基础教育的施教对象。从个体成长的角度来说，这个阶段刚好是个体世界观、人生观、价值观初步形成的重要阶段，这一时期是否接受正确、科学的思想政治教育对于其世界观、人生观、价值观的最终形成将产生重要影响；从国家思想道德建设整体布局的角度来说，加强思想政治教育工作也是这一整体布局的重要组成部分。因此，在当前形势下，加强中小学思想政治教育工作对于学生自身和社会主义教育事业的发展都有着重要意义。

在当前形势下加强中小学校的思想政治工作，是学生个体健康成长和发展的需要。从生理学的角度来说，青少年时期是人的一生中最为特殊的一个阶段：已经具备了一定的知识储备和初步的思辨能力，但尚不足对特征不明显的是非作出准确判断，容易冲动偏激，如果疏于引导指教，就有可能形成扭曲的世界观、人生观、价值观，影响此后人生；从基本的教育理念来说，无论是素质教育还是当下的核心素养培养体系，都要致力于学生个体的全面均衡发展，而思想政治教育工作的丰富内涵中最基本的一点诉求，也是让受教育者首先成为身心健康的个体。因此，即使不考虑其他因素，作为新时代教育理念的践行者，也有责任、有义务推进思想政治教育工作，让受教育对象成为一个身心健康、拥有科学世界观、人生观、价值观的个体。

在当前形势下加强中小学的思想政治教育工作，是发展中国特色社会主义伟大事业的需要。在中国现阶段，在社会经济得到极大发展的时代背景下，我们的基础教育事业除了要为国家和社

会提供身心健康的公民个体之外，还要致力于为我们的伟大事业培养合格的建设者和接班人，这就在普通公民的标准之外，提出了更高的要求。为达成这一要求，我们必须在现阶段，从战略高度和全局视野出发，高度重视、狠抓落实，全面加强中小学的思想政治教育工作，使受教育者在青少年时期形成正确的"三观"，爱党爱国、热爱人民、自强不息、珍惜国家荣誉，为我国特色社会主义伟大事业提供强大动力。

2. 中小学思政教育关乎我国思政工作整体布局

我们的教育事业的主旨是为共产主义伟大事业培养合格的建设者和接班人。习近平总书记指出，"要坚持把立德树人作为中心环节，把思想政治工作贯穿教育教学全过程，实现全程育人、全员育人、全方位育人。"[1] 习近平总书记的讲话强调了思想政治教育工作在教育教学过程中持续性、长期性的特点，对"立德树人"的定位，更是强调"德"在个体成长中重要的指导地位。新中国不同时期的教育理念强调受教育者的全面发展，均把德育作为育人工作的第一要务，这样的期望也与中国自古以来的教育理念一脉相承。

思想政治教育工作是一个浩大的育人工程，有着详尽的顶层设计和周密的整体布局，中小学阶段是这个工程中不可或缺的组成部分。具体来说，实践层面的思想政治教育体系的总体建构，需要从国家意志、社会要求、个人需要三个层面予以综合考虑。无论从哪一个层面来考虑，帮助青少年个体顺利圆满地度过青春期，成长为身心健康的国家公民，都是中小学教育事业从业者义

① 《习近平谈治国理政》第二卷，外文出版社 2017 年版，第 376 页。

不容辞的职责，这一环节处理得稍有不当，就会影响到思想政治教育工作整体体系的建构。

面对新形势新任务新挑战，当前大中小学思政课一体化建设需要深化，各类课程同思政课建设的协同效应有待增强，学校、家庭、社会协同推动思政课建设的合力没有完全形成，全社会关心支持思政课建设的氛围不够浓厚。当前中小学的思想政治教育在与"升学率"的斗争中渐居下风，在以素质教育、核心素质为脉络搭建的教育格局中，思想政治教育工作中意识形态的色彩被逐渐淡化，淡化接班人的培养定位，转而突出国家公民品性的培养和教育。这在客观上造成了中小学与大学思想政治教育工作的割裂，使二者无法有效衔接，严重影响了思想政治教育工作的整体布局。

尤为严重的一个问题是，如果中小学的思想政治教育工作未得到应有重视，将直接影响到我国思想政治教育的整体效果。简而言之，如果不能抓紧在小、中、大学三个教育领域中共同形成延承有序、无缝链接的思想政治教育体系，那么思想政治教育工作的整体布局很可能因根基不牢而失去立足之本。

综上，在现阶段对中小学的思想政治教育工作给予充分重视，在制度保障、队伍建设等多方面加大力度，是当前思想政治教育工作整体布局的迫切需求，有其理论意义，也有现实必要性。

3. 创新中小学思想政治教育工作中的机遇与挑战

党的十九届五中全会指出，当今世界正经历百年未有之大变局，新一轮科技革命和产业变革深入发展，国际力量对比深刻调整，和平与发展仍然是时代主题，人类命运共同体理念深入人心，同时国际环境日趋复杂，不稳定性不确定性明显增加。我国已转向高质量发展阶段，制度优势显著，治理效能提升，经济长期向好，物质基础雄厚，人力资源丰富，市场空间广阔，发展韧性强劲，社会大局稳定，继续发展具有多方面优势和条件，同时我国发展不平衡不充分问题仍然突出，重点领域关键环节改革任务仍然艰巨，创新能力不适应高质量发展要求，农业基础还不稳固，城乡区域发展和收入分配差距较大，生态环保任重道远，民生保障存在短板，社会治理还有弱项。新的形势既为中小学思想政治教育工作创新提供了难得的历史机遇，也带来了严峻的挑战。

一方面，中小学思想政治教育工作面临新机遇。一是党的十八大以来，以习近平同志为核心的党中央将意识形态工作提到了新的战略高度，为创新中小学思想政治教育工作带来了新的契机。二是改革开放以来积累的发展成果，党和国家事业的日益兴旺，为中小学思想政治教育工作提供了丰富的现实案例和教育素材，广大师生可以切身体会到在党的正确领导下取得的发展成绩和辉煌成果，为坚定"四个自信"提供了实践依据。三是党的十八大以来的全面从严治党，不断打破传统"禁区"和"惯例"的强力反腐工作，使得党在广大师生中的威信和形象进一步树立和巩固，党心民心进一步凝聚，这就为思想政治教育工作则赢得了广泛的群众基础和健康的社会环境。四是互联网为当前中小学思想政治教育工作开辟了新的渠道。网络信息具有及时、广泛、共享等特征，大量的信息资料为中小学校思想政治工作者提供了一个博大的信息资源库。五是不少中小学的思想政治工作者在多年实践中形成了一整套的工作规划、工作方法和实践经验，这也成为当前中小学拓展思想政治工作的宝贵财富。

另一方面，中小学思想政治教育工作面临新挑战。一是随着市场经济的发展、对外开放的扩大，西方的拜金主义、享乐主义、个人主义等腐朽思想观念对中小学师生世界观、人生观、价值观影响的也日显突出。一部分师生的思想出现了理想信念淡薄、心理失衡、社会公德较差。二是对经济困难学生、学习困难学生和心理困难学生进行科学教育和有效引导的难题日渐突出。三是互联网上的信息良莠不齐，其中封建迷信、色情暴力、反动言论等内容，对部分师生的思想影响较大，致使其在价值观和道德观方面出现滑坡甚至扭曲。

4. 在理论层面转变视角立场与教育范式

要改变当前中小学思想政治教育的困局，当务之急是在理论层面完成视角立场的转换，摒弃旧有的教育理念，建构一套全新的思想政治教育工作范式。以改革开放为节点，中国开启了新的发展周期，经济建设成为社会主义现代化事业的中心任务，这种大变革思想在社会的各个方面均有不同形式的体现，反映在基础教育领域，就是思想政治教育工作重心的转换以及视角、范式的变革。回顾过往，可以看到为社会主义事业培养接班人这一思想政治教育工作的根本主旨从未改变，只是随着社会经济的发展进阶，教育实施的方式、方法都随着对思想政治教育工作具体表述的转换而不断调整。具体来说，新中国的思想政治教育模式完成了从对象性改造向主体性教育的转变过程。换言之，就是早期通过行政主导来推进的、传统被动的思想政治教育形式，逐步向利用启发、开导等手段使受教育者来自觉实现教育的模式转变。

这种教育模式的转变源自两种动力。一方面，改革开放以来，随着市场经济的迅速发展，学生个体主体性意识不断强化，传统的思想政治教育模式难以持续；另一方面，从国家、社会的角度来看，对思想政治教育工作的诉求也在悄然发生变化——改革开放的到来，意味着"以阶级斗争为纲"时代的结束，在培养接班人这一基本教育宗旨未发生改变的情况下，对接班人的衡量标准由政治评判转换为新的评价标准：除了要具备基本的马克思主义政治素养、道德品质，还要具备优秀自然个体的相应特质。

诚然，这种转换无可厚非，问题在于当前中小学思想政治教育工作的现实实践没有与前述的理论进阶保持一致，现实的实践方式滞后于理论的发展，这种滞后性与升学率的现实压力共同构成阻碍思想政治教育实践前行的强大阻力。也就是说，从理论层面而言，这种主体性的转变是中小学思想政治教育工作的大势所趋，然而现实层面的转变由于升学率等种种原因，未能真正地付诸实践。

因此，欲在当前形势下强化中小学的思想政治教育工作，一方面要根据社会的发展进一步进行理论层面的探索；另一方面，也是至为重要的一点，要在工作实践中真正实现理论思考成果的落地实施和深入贯彻。在具体的工作中，无论施教者抑或受教育者，都应完成思维方式上的转变，从全新的视角，以全新的理解来构建新时期的思想政治教育工作体系。

5. 加强党的领导，推动工作机制建设

习近平总书记强调，思想政治理论课是切实落实立德树人这一根本任务的关键课程。中小学思政课教师在教育教学的过程中，要自觉引导学生增强"四个自信"，帮助他们把爱国热情自觉地融入实现中华民族伟大复兴的奋斗之中。当今形势下，除了

推动理论探索，还须从具体问题着手，在实践中切实加强中小学的思想政治教育工作，推动制度建设和理念革新。

第一，要坚持党的领导，强化阵地建设。新中国成立以来，中小学的思想政治教育工作一直在马克思主义理论的指导下不断发展、前行，经过几代共产党人的不断完善和丰富，思想政治教育工作的基本指导思想和理念与时俱进、日益成熟。从历史经验来看，坚持并加强党的领导是我国基础教育领域思想政治教育工作取得巨大成就的基本前提。因此，在以后的工作中仍须继续坚持这一基本原则，即在马克思主义理论框架内进行思想政治教育工作的理论探索和现实实践。具体来说，在中小学思想政治教育工作的实践中，要有明确的阵地意识，在工作中要注意主动出击，在新形势的舆论斗争中与各种思潮争夺舆论阵地，牢牢把控意识形态阵地，把基础教育领域建设成为弘扬共产主义信念和爱国主义精神的坚强阵地，完成小学、中学、大学"三位一体"的思想政治教育工作的整体布局，探索形成循序渐进螺旋上升的大中小幼一体化德育内容教育序列。在基础教育阶段，不仅要强化思想政治教育专业人员的队伍建设，同时还要在各个学科专业内、各个工作岗位上进行必要和充分的思想政治教育工作培训，从而在更大的范围内营造思想政治教育的良好氛围。要善于利用舆论阵地，对社会广泛关注的新闻事件进行合理解读和科学疏导，寓教于乐、寓教于学，寓教于生活学习的各个方面。

第二，坚持"以人为本"的根本原则。新形势下，中小学思想政治教育工作的模式与传统教育模式相比有了极大的变化，坚持"以人为本"的理念是贯彻实施思想政治教育工作的另一个重要原则。基础教育的对象以 18 岁以下的青少年为主，他们的三观尚未完全成熟，这更加要求我们在工作中必须秉承"以人为本"的原则。习近平总书记强调，教育者要努力成为有理想信念、有道德情操、有扎实学识、有仁爱之心的"四有"教师。他希望优秀的教师能够用爱和真情、真心来拉近师生之间的距离，在师生之间建立深厚的友谊，使每个学生获得尊重，健康成长。以上都属于"以人为本"的范畴。从"三好学生""四有新人"到"四有"老师的演变，也表现出我国思想政治教育工作在过去几十年的理念革新，学生主体性地位的不断提升，也符合"以人为本"的根本原则。

第三，加强骨干教师队伍理论培训。中小学校党组织要大力提高教师队伍思想政治素质，着力加强教师思想政治工作，坚持不懈地用习近平新时代中国特色社会主义思想武装教师头脑，进一步健全教师思想政治理论学习制度。要优化中小学道德与法治、思政课教师培养模式，创新培养举措，加大道德与法治、思想政治课教师培训力度；要重视集体备课，进一步加强道德与法治、思想政治课教学科研力度，采取专兼结合，实行思想政治课教师集体备课制度，支持思政教师将研究成果作为重要的教学资源，有机融入课堂教学，全面提升教研水平。

第四，打造思政课精品案例。案例教学是通过对一个个具体情景的设置，引导学生对这个特殊情景进行分析、讨论和评判，进而得出结论或解决方案的一种教学方法。案例教学可以增强思想政治课的思想性、理论性、针对性和亲和力，加强师生互动，调动学生积极性和主动性，切实提高课堂教学效率。中小学思政课教师要善于收集、积极整理、勇于提炼，推出更多、更好、更加经典的思政精品教学案例，为形成思政精品课程做准备。广大中小学校应组织思政课教师进行项目申报，定期遴选出一批课程建设的优秀成果，多渠道、多形式组织展示及推广，形成学校之间的相互学习与交流的最佳氛围。

第五，主动占领网络思想政治教育新阵地。要全面加强校园网的建设，使网络成为弘扬主旋律、开展思想政治教育的重要手段。要利用校园网为中小学师生的学习、生活提供服务，对学生进行教育和引导，不断拓展学生思想政治教育的渠道和空间。要建设好融思想性、知识性、趣味性、服务性于一体的主题教育网站和网页，积极开展生动活泼的网络思想政治教育活动，形成网上网下思想政治教育的合力。要密切关注网上动态，了解中小学生思想状况，加强同学生的沟通与交流，及时回答和解决学生们提出的问题。要运用技术、行政和法律手段，加强对校园网的管理，严防各种有害信息在网上传播。

第六，压实主体责任，加强督导检查。要落实责任主体、强化党建主业意识，就需要责任主体真正把担子担起来，才能种好思想教育"责任田"。要压实中小学校党组织的主体责任，加强党对思政课的绝对领导；压实学校领导班子成员的主体责任，共同把思政课作为"学校第一课"抓好抓实，将思政课建设作为学校领导班子成员年终考核的重要内容。

总之，在中小学思想政治教育工作的具体实践中，要以坚持党的领导为基本原则，在此基础上强化阵地建设、制度建设和队伍建设。此外，还要强化实践育人，重点解决理论与实践相脱节的问题；进一步做强思政课程，发挥好思政课向其他各个课程辐射的作用。

第三章　创建崇德型党组织，加强师德建设和德育工作

党的十八大以来，习近平总书记多次强调教育事业立德树人的根本任务，这为新时代中小学教育发展指明了根本方向。中小学校肩负着培养中国特色社会主义事业的合格建设者和可靠接班人的重大使命，立德树人根本任务在中小学的落实具有特殊的重要性。

一、中小学的根本任务是立德树人

新形势下，中小学校要将立德树人作为立身之本，着力构建"三全育人"工作体系，不断提升人才培养的针对性和实效性，引导学生知行并进，切实肩负起培养德智体美劳全面发展的社会主义建设者和接班人的神圣使命。

1. 立德树人的提出

新中国成立以来，中小学思想道德教育曾经在曲折中前行。从教育实践发展历程来看，我国基础教育普遍存在重"智"轻"德"的现象，缺乏对德育工作重要性的认识，一定程度上偏离了教育目的，损害了人才培养的质量。

新时代，我国教育必须回答的根本问题是"培养什么人、怎样培养人、为谁培养人"。而要科学回答这个根本问题，就要坚持正确的政治方向，落实好立德树人这一根本任务。党的十八大报告明确指出："把立德树人作为教育的根本任务，培养德智体美全面发展的社会主义建设者和接班人。"① 这一论断表达了党和国家对人才培养的总要求，指明了教育改革发展的总方向和学校全面提高人才培养质量的实质。2019 年 3 月 18 日，习近平总书记在全国思想政治理论课教师座谈会上再次强调了"立德树人"的重要性以及思想政治理论课的重要意义。

以习近平同志为核心的党中央从宏大历史脉络和深远政治上考虑，明确提出了"立德树人"的根本任务，实现了"立德"与"树人"在新时代的高度有机融合。在新时代中小学教育中，贯彻落实这一根本任务具有深刻的理论渊源，体现了我国进入新历史方位的现实需要，契合了新时代社会主要矛盾的变化对教育带来的新要求，契合了培养担当民族复兴大任的时代新人的历史性任务。

2. 立德树人的内涵与升华

从内涵上讲，立德树人是在对传统教育理念继承基础之上的创新，是对新时代中国特色社会主义"立什么样的德，树什么样的人"的深刻回答。德因人而立，人因德而树。德与人的具体价值内涵随着时代的发展变化不断丰富。

在中国的传统文化语境中，立德与树人理念有着极为悠久的历史渊源，始终代表着中国人对于育人理论的思考和求索，并在

---

① 中共中央文献研究室编：《十八大以来重要文献选编》上，中央文献出版社 2014 年版，第 27 页。

不同历史时期有着不同的现实表现。《左传》云："太上有立德，其次有立功，其次有立言，虽久不废，此之谓不朽。"这是"立德"一词首度在中国传统典籍中出现，此后立德、立功、立言成为封建时代许多读书人不懈追求的人生境界，亦作为一种强大的精神力量激励着发奋苦读的青年学子。《管子》有曰："一年之计，莫如树谷；十年之计莫如树木；终身之计，莫如树人。"这是"树人"一词在中国传统典籍中首次出现。中华文明作为人类农耕文明的杰出代表，很早就已经意识到人是农耕社会能够产生决定性作用的能动者，因此《管子》的树人理念明确指出，社会延续与进步的决定性因素在于人的成长与提升，树人也因此成为文明社会追求发展与创新的核心要素和最高追求。

中小学育人是打基础的工作，是培育未来、创造未来的工作。党的十八大以来，我国的中小学教育事业步入了新时代，我们在"培养什么人、怎样培养人、为谁培养人"这个根本问题上，澄清了诸多疑问，破解了许多难题。立德树人在新时代中小学教育中得到了深化与升华。

以立德树人为主线思考新中国成立以来的中小学思想道德教育，尤其从"立德"与"树人"的关系入手进行研究，我们可以发现，政治因素是中小学思想道德教育最重要的决定因素。"立德"中所说的"德"首先是政治意义上的"德"，政治因素的变化是影响中小学思想道德教育理论与实践的重要变量。但是，政治中的"立德"要想达到教育中的"树人"的目的，必须通过符合教育规律和特点的做法来实现。

通常我们所说的"德"，一般包括政治品德、家庭美德、职业道德和社会公德。一般来说，社会公德是"德"形成的基础和前提；职业道德是体现在职业活动中的社会公德的进一步深化，同时又是政治品德形成的重要环节。政治品德处于最高层次，是人才的灵魂，确保人才的政治方向，是人才成长和发展中最强有力、最持久的内在动力，同时对社会公德、职业道德的完善和提升起着引领和导向作用。德之所以重要，是因为教育从本质上说是一项铸魂育人的事业，重视教育就是重视民族的根脉，就是重视民族的未来，就是重视民族的长久大计。从育人的规律来看，德育是一辈子的事情，抓得越早越细效果越好。这就是立德树人根本任务与新时代中小学教育进一步发生深刻关联的内在逻辑。

新形势下，我们要把立德树人作为中小学教育的根本任务，作为中小学教育的灵魂，深入研究和准确把握中小学生成长规律、中小学育人规律，坚持以人为本的教育精神，把孩子们的快乐健康成长和长远发展放在首位，把德智体美劳教育有机地统一在教育活动的各个环节中，真正关爱学生、尊重学生，使每一个学生实现全面的发展、有个性的发展。

3. 构建"三全育人"工作体系

随着我国教育体制改革的不断深化，教师的角色不再局限于教书两个字，更多地体现在育人上，更好地培育学生健全的人格是新时代教师师德的体现之一。[1] 因此，中小学落实立德树人根本任务，必须运用全局性、战略性思维，遵循思想道德教育规律和中小学生的身心发展规律，尊重学生的主体性，坚持全面系统的综合评价，发挥教师的关键作用，构建"全员育人、全程育

---

[1] 张婷、王凯：《关于教师职业道德认知的三重区分》，《上海教育科研》2018 年第 2 期。

人、全方位育人"的"三全育人"工作体系。

中小学教育要将立德树人视为立身之本，努力推动"三全育人"工作体系的形成与确立，不断提升中小学教育教学的针对性和实效性。"三全育人"的中心在"育"。教育不是工业生产线，人才不是工业产品，不能走统一工艺、统一规格的批量生产道路。"育"是要树立培育"生长品"的生态思维。要构建育人新模式，营造育人新生态，全面提升人才培养水平。一方面，要聚焦学生，科学把握学生的特点，遵循教书育人规律、学生成长规律，因材施教、深耕细作，实现"千姿百态"的教育效果。要将最优质的资源配置给学生，为每一位学生提供适合的教育、可选择的教育，让学生享有更多的获得感和幸福感。另一方面，要聚焦教师，大力加强教师队伍建设，进一步优化教师素质结构，坚持专业素养、职业素养、政治素养、人格素养一体化发展，让广大教师做到教学与科研兼顾、教书与育人兼顾、信道与传道兼顾、立己德与树人德兼顾，引导广大教师以德立身，以德立学，以德施教，做党和人民满意的好老师。

"三全育人"的重心在"全"。全员育人，要求全体教职员工都要成为育人者，其一言一行、一举一动都要履行育人之责、产生育人之效，实现育人无不尽责。全程育人，要求将立德树人贯穿中小学教育教学全过程和学生成长成才全过程，实现育人无时不有。全方位育人，要求将立德树人覆盖到课上课下、网上网下、校内校外，实现育人无处不在。要建立健全人才培养体制机制，构建"三全育人"大格局。

一是在教育主体上从单一转向全面。育人工作是中小学校全体教职工的天职、本职，要充分挖掘多个教师岗位的育人要素，将育人职能贯穿其工作始终，实现教与育、管与育、服与育的融合贯通。

二是在育人过程上从分割转向配合。育人工作具有整体性，要从条块分割转向协同配合，将育人工作贯穿学生从入学到毕业的各阶段，覆盖全校各班级，融入学生学习生活各方面。推进教学、管理、服务等部门协同联动，挖掘育人元素，建立责任清单，强化工作举措，共唱育人合奏曲。

三是在育人空间上从点转向立体。育人工作要实现由点到线、聚面成体，实现面面俱到、多体联动，推进知识体系教育与思想政治教育有机结合、思想政治教育向各学科有机渗透；建立网上网下正向互动的工作格局，促进网上网下两个教育场的衔接整合；大力推进学校、社会、家庭一体化育人，拓展丰富家庭教育资源，充分利用社会教育资源，达到多方位合力育人的效果。

二、崇德型党组织引领师德建设

国运兴衰，系于教育；教育振兴，教师为本；教师大计，师德为魂。所谓师德，是指教师的职业道德，即教师从事教育教学工作中必须遵循的道德规范与行为准则。它的实质是教师如何在教育教学活动中使自身的行为有利于学校教育教学质量的提高，有益于学生德智体美劳的全面发展。目前，党员教师在中小学校教师队伍中占有较大的比重，是学校教育教学工作的主力军，扮演着政治和职业双重社会角色。崇德型党组织引领师德建设，实现党员教师的党性修养与师德素质从分离向融合转变，是在推进高质量党建引领中小学立德树人过程中亟待我们深入思考、探索的问题。

1. 加强师德建设的重大意义

育人的根本在于立德。中小学教师的思想政治素质和职业道德素养，直接关系到中小学生的健康成长，对全面提高教育质量、办人民满意的教育至关重要。在新形势下，中小学校教师肩负更加重大的责任，师德素质有了更加广泛的要求，但中小学校教师的师德差距明显存在。加强师德建设，对于加强中小学校思想政治建设，建设高素质的教师队伍，以良好的教风促进学生良好的学风的形成具有重要意义。

第一，加强师德建设是教师职业属性的必然要求。教师是一个特殊的职业，它的"主要产品"是"人的精神成长"。因此，教师也有着"人类灵魂工程师"之称。合格的老师首先应该是道德上的合格者，好老师首先应该是以德施教、以德立身的楷模。[①]合格的教师不仅需要具备应有的知识水平，还应该具有科学的世界观、价值观、人生观，有为教育事业无私奉献的敬业精神、良好的职业道德和健康的心理素质。对教师的这些职业性规定与期许，是人类在几千年文明演绎过程中逐步形成的。我国教育家孔子提出："其身正，不令而行；其身不正，虽令不从。"17 世纪，捷克教育家夸美纽斯强调，教师应是道德卓异的优秀人物，要无限热爱学生。在当代中国，教师要忠于教育事业，培养崇高的职业理想和高尚的道德境界，牢记责任、不辱使命，形成忠于职守、为人师表、心灵高贵、淡泊名利、兢兢业业、无私奉献的职业追求，才能更好地实现人生价值。

---

① 习近平：《做党和人民满意的好老师——同北京师范大学师生代表座谈时的讲话》，《人民日报》2014 年 9 月 10 日。

第二，加强师德建设是提高教师综合素质的需要。习近平总书记在一系列重要讲话中，多次谈到德与才的关系问题。他指出：德与才是辩证统一的。"才者，德之资也；德者，才之帅也。"长期以来，广大中小学教师忠诚党的教育事业，潜心治学、教书育人、锐意创新，为中小学教育改革发展作出了巨大贡献，赢得了全社会广泛赞誉和普遍尊重。但是，当前社会变革转型时期所带来的负面现象也对教师产生了一定的影响。进一步加强和改进师德建设工作，直接关系到教师综合素养的提升。

第三，加强师德建设是中小学学生健康成长的客观需要。教育绝非单纯的知识传承与文化传承，它关系到千百万青少年一代的健康成长，关系到教育事业发展的未来。作为青少年学生成长的引路人，教师的一言一行，无时无刻不在潜移默化地影响着学生。教师的理想信念、道德情操、人格魅力直接影响到学生的思想素质、道德品质和行为习惯的养成。在中小学生的心目中，教师是智慧的代表、高尚人格的化身。高尚的师德，是对学生最生动、最具体、最深远的教育。教师只有在政治思想、道德品质、学识风范、人格魅力等方面以身作则、率先垂范，才能不辱教师的职业使命，不负学生真诚期待，最终推动学生树立远大理想，促进学生全面发展、健康成长。

第四，加强师德建设是社会主义先进文化建设的需要。教师的德行与操守，不仅是教师个人的品质问题，还具有深刻的社会意义。学校是社会的一部分，始终处于与社会的互动中。教师不仅仅是学生的老师，同时也是全社会的老师，是整个社会文明建设的重要支撑力量。一方面，教师通过影响学生来影响社会。在与家庭、亲朋交往交流过程中，学生会把在老师那里学习到的知识、习惯等传递出去。另一方面，教师以学校为"舞台"，为社会贡献精神财富。在良好师德师风熏陶下的学校，才会源源不断地为整个社会涵养着文明。

2. 当前师德建设存在的问题与挑战

唯有一支思想政治素质高、业务水平强、结构科学合理、相对稳定的教师队伍才能打造一流的学校，才能推动教育事业跨越发展。从总体上看，近年来我国的中小学师德建设取得了显著成效，绝大部分教师能够认真践行党的教育方针、爱岗敬业、严谨治学、甘于奉献、为人师表，教师的思想道德状况也呈现积极、健康、向上的态势。但也要看到，当前随着我国经济社会的快速发展，中小学师德建设在某些方面还存在一些问题和挑战。

一方面，一些中小学教师缺乏职业崇高感，偏离了工作初心。教育的初心是为了人的发展。师德建设也应该围绕这一目标展开，把人放在首要位置。随着市场经济的发展，影响人们的价值取向的诱惑因素越来越多。一些中小学教师把金钱主义、权钱至上、权钱交易当作人生信条，凡事习惯从个人私利出发，盲目追求个人价值的最大化，"利益最大化、交换、竞争"等法则成为市场经济有别于自然经济和产品经济的特有的经济价值观。一些教师在对待奉献与获得、风险与责任、理想与现实、付出与收获等方面的价值取向也不同程度受到影响，丧失了作为教师的基本职业崇高感，导致教师职业世俗化，对教师这一职业的特殊性认识不足。一些中小学教师不能正确对待教学和科研，平时不钻研业务，坚持"上完课就好"的想法，对教学敷衍了事，不顾学生消化吸收；有的教师安于现状，缺乏进取精神，不注重获取新知识；有的教师一切围绕自己的薪酬出发，以虚假应付为能事，败坏学术道德。

另一方面，一些中小学校师德建设的工作机制不到位，缺乏系统的、规范的教育机制。师德建设是教师队伍建设中一项系统工程，不是单靠几次学习、几项活动就可以解决的。教师队伍是不断变化着的，师德教育也应随之有规划、长期反复地进行，成为常规性教育，需要结合教师继续教育工程常抓不懈。在推动师德建设的实践中，有的学校师德行为规范内容空泛，不仅缺乏合理性和科学性，而且操作性不强，极大地制约了师德建设的效果。有的学校开展师德教育以单一的集体学习为主，仅仅停留在对上级文件的传达和学习上，不能解决实际问题，对教师工作、生活缺乏正确的引导。有的学校把师德建设的落实完全寄望于个人自觉，没有具体的、科学的量化指标，缺少严谨、规范的考核评估过程，缺乏必要的监督，奖惩机制不完善，结果往往是师德建设因为无所依托而难以落地。

3. 党组织引导党员教师成为崇德先锋

教育发展，教师为本，教师素质，师德为本。中小学教师是落实以德治国方略、推进素质教育的实施者，是实现科教兴国战略的生力军。中小学教师的职业道德如何，直接影响其一系列的教学活动，教师的思想意识、立场、观点、道德品质等直接影响青少年学生。进入新发展阶段，中小学校应大力倡导崇德型党组织建设，引导党员教师成为崇德先锋。

第一，引导学校党员特别是党员教师明大德、守公德、严私德。明大德，就要铸牢理想信念、锤炼坚强党性，在大是大非面前旗帜鲜明，在风浪考验面前无所畏惧，在各种诱惑面前立场坚定。守公德，就要强化宗旨意识，全心全意为人民服务，恪守立党为公、执政为民理念，做到心底无私天地宽。严私德，就要严格约束自己的操守和行为，戒贪止欲、克己奉公，廉洁修身，廉洁齐家。要切实加强教师的职业道德和职业精神教育，让教师学会热爱、学会敬业、学会正确的价值判断、学会教育教学的真本领，珍惜教师的光荣，爱惜这份职业，严格要求自己，不断完善自己，执着于教书育人，有热爱教育的定力、淡泊名利的坚守，用爱心培育爱、激发爱、传播爱。

第二，以锤炼党性为契机强化师德建设。党性是一个政党的本质属性，是政党的政治主张、政治活动特性的最集中的表现。坚持党性，是一个政党对其党员的基本要求。对中国共产党党员来说，加强党性修养，就是坚定共产主义信念，强化宗旨意识，全心全意为人民服务。中小学党员教师兼具政治角色和职业角色双重身份，党性修养和师德素质是相辅相成，相互促进，内在统一的。换言之，一个党员教师的师德水平也是其党性修养水平的体现。教师的职责是教书育人，教书育人要求教师具有良好的师德修养、良好的师德形象。党性修养与党性锤炼是政治角色的内在要求，而师德教育则是职业角色的重要体现。高质量党建引领中小学立德树人，必须善于协调这两种角色，找准两者的结合点，把强化党性教育和树立高尚师德统一于教学实践中，让党员教师要真正做到为人师表，起到"一支红烛"的作用，本着全心全意为了党的教育事业而奉献的精神做好本职工作。

第三，以队伍建设为抓手促进师德建设。要抓好中小学的校长队伍建设，要培养一批能坚持"学生为本、德育为先"办学方针的中小学校长，确保德育工作有效推进。要加强班主任队伍建设，要选派思想素质好、业务水平高、责任心强、有奉献精神的优秀教师担任班主任，并通过"名师工作室"、"名师带教"、班主任论坛等形式，以及多渠道培训，提高他们的思想道德素质和工作能力。要关心青年教师的成长。要重视教师培训工作，要特别重视师德的培育，拓宽教师文化视野，提高教师综合素养，加强教师教育体系建设，使人民教师真正成为马克思主义的坚定信仰者、先进思想文化的传播者以及中小学生健康成长的指导者和引路人。

第四，着力提升党组织推动教师开展学生德育工作的能力。党组织书记要把德育工作"抓在手上"。抓在手上是为了落在实处，要真正发挥主导作用绝非易事，这无论对于党组织，还对党组织负责人都提出了更高要求。学校党组织必须主动调研、及时发现德育和思想政治工作中的问题。深入研究、推动解决德育和思想政治工作中的重要问题。要在教师培训特别是新聘任教师岗前培训中，强化师德教育。完善加强学校学风建设办法，健全不端行为监督查处机制。要明确建立党组织主导、校长负责、群团组织参与、家庭社会联动的德育工作机制。要遵循德育和思想政治工作规律，遵循教书育人规律，遵循学生成长规律，不断提高工作能力和水平。此外，要结合学校和教师实际，在教师开展教学过程中，做到监督执行、指导帮助、告诫批评和督促整改相结合，使教职工从认识到行动均体现德育工作的灵魂和核心作用，认识到师德建设对学校教育的严肃性和重要性，从而规范日常行为，使教育教学工作始终沿着正确方向发展。

此外，中小学校党组织要关注教师生活、工作多方面需求，并将这种需求作为师德建设得以开展以及生效的根本前提。要大力弘扬立德树人、教书育人的师德风范，定期开展教职工优秀教师、德育工作先进集体和先进个人等评选活动，对师德师风高尚、工作业绩卓著的教师和团队等进行表彰，不断提高教师思想政治素质和职业道德水平。

4. 加强师德建设的目标："三个统一"

高素质的教师队伍是办好教育的基础与前提，抓好师德是建设高素质教师队伍的内在要求和重要保证。习近平总书记号召全国广大教师要做"四有"教师，积极培养新时代"四有"好老师，加强师德师风建设需要党建工作的指引。中小学师德师风建设的目标是提高教师思想政治素质和职业道德素质，强化师德师风，打造一支忠诚于教育事业，品德高尚业务突出，让人民满意的教师队伍。主要任务包括：提高教师的思想政治素质，树立正确的教师职业理想，提高教师的职业道德水平，规范教师的育人行为，着力解决师德建设中的突出问题，积极推进师德建设工作改进创新。中小学校党组织要通过抓干部、抓普通党员、抓师德师风，引导广大教师以德立身、以德立学、以德施教。

第一，坚持教书和育人相统一。教书是手段，育人是目的。教书和育人紧密联系、相互促进。教育活动历来不是随意的，而是把社会确定的教育目标和教学内容传授给学生，培养社会需要的人才。教书为育人服务，立德树人是教育的中心，贯穿于教育的全过程。教师如果只顾教书、不管育人，将二者割裂开来，成为单向传授知识的"教书匠"，使教书失去育人的功能，就会影响学生的健康成长。西方哲学家罗素曾说："凡是教师缺乏爱的地方，无论品德还是智慧都不能充分地或者自由地发展。"① 教师

---

① 刘丽华、叶丹：《关于农村中小学教师师德建设的思考》，《湖北经济学院学报》2006年第7期。

不仅承担着向学生传授知识、培养学生能力素质的职责，而且肩负着帮助学生树立正确的世界观、人生观、价值观和培养高尚情操的重任；只有坚持教书和育人相统一，自觉当好学生正确政治方向的引导者和高尚品质的塑造者，才不愧为一名合格的人类灵魂工程师。加强师德建设关键要充分发挥课堂主渠道作用，教师真正做到以心育心、以德育德、以人格育人格，最终实现在教育教学中提升师德素养的目标。

第二，坚持言传和身教相统一。言传与身教相辅相成，教师不仅要善于言传，而且要善于身教，让学生眼见为实，激起思想共鸣，进而促进对教师言传的认同和接受，最终实现对学生心灵和人格的塑造。从某种意义上说，身教比言传更为重要。因此，教师要严格要求自己，首先自己要努力做到有知识、有理想、有道德、有文化、有责任感，以自己的言传身教去影响和教育学生。

第三，坚持潜心问道和关注社会相统一。潜心问道，不是闭门造车、坐而论道。随着社会的发展，"道"也在不断更新。教师要跟上时代的步伐和"道"的发展，就要走出书斋、关注社会，加强对社会发展实际的认识和了解。更要看到，坚持潜心问道和关注社会相统一，可以实现书本知识和实践知识的更好结合，让知识服务于社会发展的需要，更好地为人民服务，为我们党治国理政服务，为巩固和发展中国特色社会主义服务，为改革开放和社会主义现代化建设服务。①

总之，中小学是一个人成长与进步的必经阶段，这一阶段的

---

① 周文彰、岳凤兰：《"四个统一"是师德师风建设的时代要求》，人民论坛网 2018 年 3 月 12 日。

良好教育必将为后一阶段的健康成长奠定坚实的基础。加强师德建设，就是要把作为"人类灵魂工程师"的教师的榜样力量激发出来。

5. 师德建设要注重发挥制度的作用

近十多年来，师德建设专项政策不断健全，从 2008 年修订的《中小学教师职业道德规范》，到《关于建立健全中小学师德建设长效机制的意见》；从《中小学教师违反职业道德行为处理办法》《严禁教师违规收受学生及家长礼品礼金等行为的规定》《严禁中小学校和在职中小学校教师有偿补课的规定》《中小学教师违反职业道德行为处理办法（2018 年修订）》，到《新时代中小学教师职业行为十项准则》，特别是 2019 年底发布的《关于加强和改进新时代师德师风建设的意见》，全方位的政策已经形成。新形势下，加强中小学师德建设，必须注意发挥制度的作用，健全相关机制，进一步明确师德建设工作的主体、内容、职责、权限，细化议事程序，引导教师严格履行岗位职责，恪守师德规范，保证各项规章制度落到实处。

第一，严把教师聘用考核政治关。教师的思想政治素质和道德情操，是影响学生全面发展健康成长的关键因素，直接关系到社会主义教育事业的办学方向，关系到立德树人根本任务的落实，关系到教育改革发展大局。因此，要把好教师聘任考核政治关，在源头上和过程中加强和改进教师思想政治工作，努力造就一支在政治上立场坚定、态度鲜明、观点正确的教师队伍。中小学校要制订并及时修订教师岗位聘用办法，严把教师聘用政治关的考核。

第二，依托党建工作，建立师德建设领导机制。党建工作与师德建设都是贯穿于中小学教育教学全过程的工作，对中小学教育教学都发挥着重要作用。加强中小学师德建设，应该依托党建工作，把师德教育工作落到实处。中小学校党组织应把师德教育工作列入学校长期工作规划，明确目标、任务以及责任。要建立党员教师定期进行政治理论学习制度，以提高党员教师的政治素养，强化党员教师的宗旨意识，坚定党员教师的理想信念，使其忠诚于党和人民的教育事业，爱岗敬业、无私奉献。要建立定期开展批评与自我批评的制度，促使党员教师能常以自省、自警、自律、自励之心来历练其党性，树立正确的世界观、人生观、价值观，在教书育人工作中，充分发挥党员教师的先锋模范作用，积极践行党的教育方针政策，坚持教书育人的正确方向，更好地服务于党组织的建设和学校长远发展大局。

第三，发挥党员教师先锋作用，建立中小学师德引领机制。一个党员就是一面旗帜，一名教师也应该是一面旗帜。加强中小学师德建设，尤其要注重发挥党员教师的先锋模范作用，带领和引导越来越多的教师认识模范、争做模范，带动同事，示范学生。要通过教书育人、师德标兵评比等活动，塑造新时代中小学教师形象，引导和激励广大教职工自觉加强思想建设、道德建设和作风建设，真正成为学生的楷模和表率。

第四，建立中小学教师职业道德规范培训机制与考评机制。师德建设是一项系统工程，需要具体的制度安排，特别是围绕教师这个重要的主体，做好培训和考评工作。一是完善师德建设长效机制，将师德表现作为教师绩效考核、聘用和奖惩的首要内容，实行师德一票否决制。把教师的职业道德培训相关内容作为党员教育的课程，邀请党建专家解读党建工作与教育工作之间的关系，使党建要求与教育职业要求紧密地结合在一起。二是建立党员教师师德建设经验交流制度，使其注重加强自身的专业学习，不断提高业务水平，严格遵守师德规范，注重自身的师德素质，敬业爱生、为人师表，树立良好的师德形象，以高尚的人格魅力去感染和教育学生，成为学生学习的榜样，做学生的良师益友。三是针对教师师德建设中存在的问题，有针对性地建立培训机制与考评机制，促进教师师德建设标准化工作。建立优秀党员和师德标兵评选制度，以激励党员教师在自觉加强党性锻炼的同时提高其师德素质，努力使双重身份高度融合，相互促进，高度统一。各地中小学可以因地制宜构建符合本校实际的，科学有效的师德培训与考评机制。在考评方面，可从领导评价、教学单位互评、教师评价、家长评价、学生评价等多个方面分层次进行，并将考评结果作为教师年度考核、评优评先的重要依据。

第五，构建师德激励机制。有了良好的氛围和风气，师德的正面效应往往就能够发挥最大价值。因此，构建良好的师德激励机制就很重要。要加强正面激励，促进形成重德修德的良好风气。将师德作为教师年度考核、岗位聘任、职务（职称）评审、绩效评价和评优奖励的重要标准。把师德表现作为评选教书育人楷模，模范教师、教育系统先进工作者，优秀教师、优秀教育工作者、中小学优秀班主任、中小学优秀德育先进工作者等表彰奖励项目的必要条件，从制度上全方位激发教师强化师德自律的积极性。

三、崇德型党组织要加强德育工作

"立德树人"是教育的根本任务，在教育实践中最直观的表现形式和实现途径是思想道德教育。所谓思想道德教育，实质就是以既有之"德"为方向与目标，通过教育的手段帮助受教育者建立符合"德"之标准的世界观、人生观和价值观，完成"树人"的过程。从人类社会发展的客观规律来看，思想道德教育长期而普遍地存在于人类社会的各个阶段，不同的社会形态均会建立与其发展阶段相对应的"德"，也就会建构与其"德"相匹配的"树人"之道。可以说，传统的"立德"与"树人"理念和思想道德教育之间是对立统一的辩证关系："立德"与"树人"是思想道德教育的目的和灵魂，思想道德教育是"立德"与"树人"的具体实现途径。

1. 师德建设的落脚点是学生

长久以来，教育作为一种价值负载的"崇善"活动，担负着如何使文化功能和对灵魂的铸造功能融合起来的责任。师德建设要从教师自身做起，但其落脚点则是学生。这是教师的职业特点决定的。在教育教学实践中，教师传递给学生的不仅是知识，还有为人、处世层面的价值观念。换言之，师德建设不仅包括教师自我修养的一面，还包括以高度的自我修养感染人、教育人的一面。

因此，师德修养不能止步于独善其身，必须要放在教师与学生的关系中，把示范学生，引导人、教育人、成就人作为落脚点。对于中小学学生来说，最好的教育方式就是榜样教育，教师以身作则，发挥真理力量和人格力量的示范作用，学生就依样学样。因此，要营造爱国、爱家、爱校的文化氛围，把立德树人的理念和知行合一的要求，融入办学治校和教育教学各环节之中。通过老师指点、同学切磋、书籍引路，教育引导学生善于从课堂学习、从书本学习，又善于从实践中学习，在生活中感悟，善于在实践中总结经验、感悟真理，实现知识内化与品德提升和谐统一，世界观、人生观、价值观塑造与能力培养、知识传授的有机统一。

对于中小学校党组织来讲，要建立党组织主导、校长负责、群团组织参与、家庭社会联动的德育工作机制。党组织要经常研究分析学生思想道德状况，跟进做好有关工作；党组织书记要把德育工作抓在手上，推动解决重要问题。要坚持围绕学生、关照学生、服务学生，遵循师德建设规律和学生成长规律，因事而化、因时而进、因势而新，不断增强学生文明素养、社会责任意识、实践本领，培养德智体美劳全面发展的社会主义建设者和接班人。

2. 遵循思想道德教育规律和中小学生身心发展规律

中小学德育工作既要遵循思想道德教育的普遍规律，也要高度重视青少年个体的个性与接受能力，要关注、把握和遵循青少年个体的身心成长规律性，努力实现二者的有机结合。按照德育的总体目标，根据不同年龄段青少年的成长特点，确定不同学龄阶段德育的内容和要求。首先，突出爱党、爱社会主义教育，引导学生树立正确的世界观、人生观和价值观，牢牢把握知识为谁所用、为谁服务的方向。其次，突出爱国主义教育，把弘扬和培育民族精神作为新形势下学校德育工作的重要任务，积极开展多种形式的中国革命、建设和改革开放的历史教育、国情教育，引导学生从小树立民族自尊心、自信心和自豪感。再次，加强基础道德和法治教育，以文明行为习惯的养成教育、诚信教育和遵纪守法教育为重点，规范学生的行为习惯，培养良好的道德品质。

最后，加强德育载体建设，构建课内外教育良性互动机制。思想道德教育要靠潜移默化、润物无声的影响，要让学生在课内和课外教育活动中体验和思考，逐渐形成道德认知和良好的行为习惯，促进学生知情意行的和谐发展。要建立健全课堂教学和课外活动联动的有效机制，促进课堂教育和社会实践活动有机结合。

3. 尊重学生的主体性

德育工作必须充分调动学生的主观能动性，在教育内容的选择上要尊重学生的自主性，在教育方法的选择上要尊重学生的创造性，强化学生的主体性。教育的过程不是教师将其观点、立场移植给学生的过程，而是由学生选择接受的过程。但是，学生对教师的教育影响能否接受，接受多少，是根据自己对已有知识、经验的理解，对教育影响加以选择，并通过自身的内部矛盾斗争作出相应的自主反应，即通过学生的自觉认识、自我体验、自愿行动以获得内化。另外，要积极开展社会实践活动，强化学生的主体性。学生主体性的发展是以活动为中介的，学生只有投身于各种活动之中，其主体性才能得到良好的发展。学生的主体性正是通过内化与外显的无数次交替而逐步形成、发展和完善的。学生在活动中形成主体性，在活动中表现出主体性。积极开展社会实践活动，让学生在实践活动中接受熏陶和锻炼，体验人生和社会，在社会实践中接受思想道德教育。通过社会实践活动，培养学生的爱国主义精神，增强社会责任感和集体意识，增强竞争意识和坚忍不拔的意志。

4. 坚持全面系统的综合评价

"立德树人"理念要求建立这样一种中小学教育质量评价制

度，即在体现素质教育要求的同时，注意以学生发展为核心，切实扭转传统视域下仅以学业考试成绩和升学率作为评价指标的倾向。要纠正一些学校以升学率作为唯一标准评价学校办学水平的片面做法，形成学校、教育行政部门、学生、家长和社区共同参与的学校评价机制，对学校办学的指导思想、德育工作、课程实施与管理、师德建设、学生团队活动、学生全面成长等情况作全面评价。

坚持全面系统的综合评价的主要举措。一是建立综合评价指标体系。把学生的品德发展水平、学业发展水平、身心发展水平、兴趣特长养成、学业负担状况等方面作为评价学校教育质量的主要内容，着力构建中小学教育质量综合评价指标体系。把德育的评价渗透到智育、体育、美育和劳动教育的评价之中，要构建科学合理的学生道德素质评价体系。二是健全评价标准。依据国家中小学课程方案、课程标准、学生体质健康标准和办学要求等开展质量评价。积极研究探索，通过监测跟踪、积累数据等方式，逐步调整充实和完善。三是改进评价方式。通过直接考查学生群体的发展情况来评价学校的教育质量。将定量评价与定性评价相结合，注重全面客观地收集信息，根据数据和事实进行分析判断。将形成性评价与终结性评价相结合，注重考查学生进步的程度和学校的努力程度。将内部评价与外部评价相结合，注重促进学校建立质量内控机制。注重发挥各方面的作用，逐步建立政府主导、社会组织和专业机构等共同参与的外部评价机制。四是科学运用评价结果。把教育质量综合评价结果作为完善教育政策措施、加强教育宏观管理的重要参考，作为评价考核学校教育工作的主要依据。要正确运用评价结果，改进教育教学，发挥以评促建的作用。要逐步重视学生在社会实践、志愿者服务的表现，增加课外社会实践和志愿者活动占升学和就业评价中的权重，鼓励学生积极投身社会实践，为社会服务。

第四章　创建学习型党组织，建设书香校园

　　重视学习，是党的思想建设的一个重要途径和光荣传统。习近平总书记一贯重视党员干部的学习问题，指出要将学习作为广大党员干部坚定理想信念、提升党性修养、增强能力素质的重要依托。学习型党组织是中小学推进党建高质量的一个重要依托。因此，要加强中小学学习型党组织建设，在克服党员干部"本领恐慌"中，引导广大党员教师和学生终身学习，建设书香校园。

一、创建中小学校学习型党组织的意义、原则和目标

　　高度重视学习，是马克思主义政党的重要特征。把各级党组织建设成为学习型党组织，是建设马克思主义学习型政党的基础工程。学校是教育和培养人才的地方，办什么样的学校，培养什么样的人历来是大是大非的问题，要解决好这个问题必须加强学习，自觉接受先进文化思想的熏陶。一所合格的中小学校，不仅要完成教书育人、传承先进文化的基本任务，而且还承担着培育和弘扬民族精神、培养社会主义事业合格建设者和接班人的历史使命。因此，建设中小学学习型党组织，既是党肩负新形势下崇高历史使命的迫切要求，也是中小学校肩负新时期"培养什么人，怎样培养人"和"办什么样的学校，怎样办好学校"崇高历

史使命的迫切要求。因此，推进高质量党建引领中小学立德树人，必须系统研究如何创建中小学校学习型党组织。

1. 创建学习型党组织的重大意义

在中小学校，有一句话被经常提起：要给学生一杯水，老师必须有一桶水。因此，为了教好学生，教师必须不断地学习。事实上，教学相长，教师"教"的过程，也是一个"学"的过程。由此而言，每一所中小学校都必然是一个学习型单元——学习型组织。

建设学习型党组织是确保中小学校党组织走在前列的重要基础。我们党长期以来保持着重视学习、善于学习的优良传统和政治优势。我们党的发展历程就是一个不断成长、学习、再成长的循序渐进过程。作为中小学校来讲，只有加强学习型党组织建设，才能适应国家和社会发展的转型，才能敏锐把握时代前进脉搏，科学判断学校的发展方向与目标定位，更好地带领师生在教育改革浪潮中掌握主动。

建设学习型党组织符合广大中小学教师个人成长需要。教师是知识分子，也是专业技术人员，以教书育人、为人师表为天职。从教师的专业成长上来看，必须加强学习，不断更新知识、更新教育理念，才能胜任教育教学工作。建设学习型党组织，可以使广大党员教师树立正确的世界观、人生观和价值观，充分发挥先锋模范作用，以更大的热情和知识储备投入到教育中来。建设学习型党组织，采用团队学习、个人阅读、心得交流和专题研讨等方式，交流分析教育、教学工作中的亮点、难点和热点问题，有针对性地提出措施和办法，可以提升学习的互动性、趣味性，不断完善教师知识结构，切实提高整个学校的学习能力和水平。

建设学习型党组织是落实创新驱动发展战略的客观要求。当今世界科学技术进步日新月异，知识创造、知识更新速度比以往任何时代都要快。广大党员教师只有加强学习、提高能力、实现知识的不断更新，才能顺应时代的发展，时刻站在教育行业的前沿，引领越来越多的学生前行。在这种情况下，建设中小学学习型党组织，就可以发挥党组织的优势，通过党员教师的示范带动作用，在中小学形成每个人都坚持学习、勤于学习、善于学习、在学习中奋勇争先的校园文化和氛围，为落实创新驱动发展战略奠定最为坚实的基础。

总之，中小学校党组织要通过学习型党组织的建设，使学校领导班子成为学习型领导班子、党员干部成为学习型党员干部，为办好人民满意、社会满意的教育，提供坚强的政治保证、思想保证和组织保证。

2. 创建学习型党组织的基本原则

马克思主义执政党的学习型党组织建设，其目的不仅在于更新、增长知识，更重要的是围绕承担的历史使命，迎接挑战、引领发展潮流。创建中小学学习型党组织，必须坚持解放思想、理论联系实际、改革创新，从而不断地把学习优势转化为党的政治优势、思想优势和组织优势。

（1）坚持理论联系实际的马克思主义学风

学习是兴国之要、立业之基、立人之本。一个善于学习的人，才能不断地进步。学风是思想路线问题，反映着党的思想方法、工作方法、精神面貌。重视学风建设，是我们党的优良传统。毛泽东指出："学风问题是领导机关、全体干部、全体党员的思想方法问题，是我们对待马克思列宁主义的态度问题，是全党同志的工作态度问题。既然是这样，学风问题就是一个非常重要的问题，就是第一个重要的问题。"① 习近平总书记指出："要坚持理论联系实际的马克思主义学风，坚持问题导向，注重回答普遍关注的问题，注重解答学员思想上的疙瘩，反对主观主义、教条主义、形式主义，防止空对空、两张皮。"②

在中小学学习型党组织建设中，必须坚持理论联系实际的马克思主义学风。良好的学风需要坚持理论联系实际，牢固树立问题意识。建设学习型党组织，离不开对实际问题的关注。问题是时代的声音，坚持以研究问题为中心，符合马克思主义认识论，是我们党实事求是思想路线的具体体现。建设学习型党组织，就是要通过对一个个具体问题的研究、分析和解决，巩固党组织在基层的领导核心地位，充分发挥其战斗堡垒作用。

扎实的学风，不仅是对个人的要求，更是对组织的要求。建设学习型党组织，就是要充分调动党组织中每一个成员的学习积极性，共同营造积极向上的学习氛围。要大力弘扬求真务实精神，把学习型党组织建设与促进学校改革发展稳定紧密结合起来，与推动学校各项工作紧密结合起来，学用结合、学以致用，在实践中深化学习，做到学习理论与运用理论、改造客观世界与改造主观世界相统一，把学习成果转化为运用科学理论、科学知识分析和解决实际问题的能力。

中国共产党人依靠学习走到今天，也必然要依靠学习走向未来。我们的党要上进、国家要上进、民族要上进，就必须大兴学

① 《毛泽东选集》第3卷，人民出版社1991年版，第813页。
② 习近平：《在全国党校工作会议上的讲话》，人民出版社2016年版，第16页。

习之风，坚持学习、学习、再学习，坚持实践、实践、再实践。现在，形势变化很快，我们每天都会面对新的情况、新的问题，"本领恐慌"问题日益紧迫。每一名中小学的党员教师，都应该自觉立足自己的本职工作和单位实际，把学习放在重要位置。

（2）坚持从实际出发，服务学校中心工作

我们常说，要"真学、真信、真用"，其中，真信是前提，真学是关键，真用是目的。从实际出发，服务学校中心工作，才能把建设中小学学习型党组织落到实处。

教育教学工作实际状况是中小学校建设学习型党组织的最大实际。这一点，决定了建设学习型党组织必须把政治素质和业务素质一起抓，着眼于党员教师队伍政治素质与业务素质的双提升，实现二者的有机结合。要活学活用马克思主义，提高科学思维能力；提高自觉运用马克思主义立场观点方法观察形势、分析问题、指导工作的能力，增强工作的原则性、系统性、预见性、创造性。

党员教师的思想状况是建设学习型党组织需面对的另一个实际。党员教师的学习意愿、基本素质情况等，直接制约着建设学习型党组织的进度和成效。对于党员教师学习意愿不强的，党组织要在增进学习动力方面下功夫，让广大党员教师明白"活到老，学到老"的必要性，激发起学习的积极性，使学习成为一种政治责任、自觉习惯和精神追求。要充分发挥党员教师的优势，请那些对教育教学有着深入研究和专业特长的党员教师讲课传授经验，鼓励有共同经历、共同爱好、共同需求的党员自愿组合，结成学习小组，开展定期或不定期学习活动，提高党组织的整体学习力。

此外，不同学校的实际情况，决定了建设学习型党组织必然要采取不同的方式和途径。除了常规的集体学习、自主学习外，网络学习也是一个非常值得重视的方式。党员教师可以根据自己的工作实际安排学习时间，从而保证学习效果。除了网络之外，举办各种活动，如读报、看电视、参观、演讲、校园文化活动等也是建设学习型党组织比较常见的方式。其中一些带有竞技性的活动，可以带给党员教师更加强烈的参与感，进而激发起学习愿望；而现场参观式的学习方式，更加注重体验，也有助于党员教师开阔视野、丰富学习内容。

（3）坚持改革创新，鼓励大胆探索

不断学习、善于学习，努力掌握和运用一切科学的新思想、新知识、新经验，是党始终走在时代前列引领中国发展进步的决定性因素。实践在发展，改革在深化，理论在创新，建设学习型党组织从内容到形式也必须与时俱进，顺应时代发展的潮流，使教师党员的思想水平和知识水平紧跟时代步伐。因此，建设学习型党组织是一个长期的过程，没有"完成时"，必须结合党员队伍的现状，不断拓展对学习型党组织建设工作的思路，创新工作方法，努力为中小学学习型党组织建设工作注入新的活力和生机。在这一过程中，学习的内容、目标、形式、方法、机制都将随着时代和实践的发展而变化。在具体操作中，中小学校党组织必须把坚持改革创新、鼓励大胆探索作为主要原则，确保学习型党组织建设与时俱进，确保学习的实效性，保持改革创新、开拓进取的精神状态，按照体现时代性、把握规律性、富于创造性的要求，坚持继承与创新相统一，营造宽松环境，尊重党组织和党员的首创精神，积极拓展学习的内容、途径和渠道，不断创新学习的思路、办法和机制，为推进学习型党组织建设不断注入新的动力。

3. 中小学校学习型党组织建设的目标

学校是教育和培养人才的地方，办什么样的学校，培养什么样的人历来是学校的根本问题。中小学校党组织加强学习，建设学习型党组织，将有力地促进中小学立德树人任务的落实。

在中小学校建设学习型党组织，其首要目标，是用习近平新时代中国特色社会主义思想武装全体教职员工头脑，在学懂弄通做实上下功夫，切实用以指导实践、推动工作，着力解决教育教学中的实际问题，破解中小学发展难题。

中小学校建设学习型党组织，为了提高全体党员教师素质和能力。学校发展的关键在于教师，学校党组织要突出学习，重在教育，始终把党员教师队伍建设放在学校工作的重要地位。通过学习型党组织建设，帮助党员教师开阔视野，增强创新的勇气和胆识，努力实现思想观念的创新，工作思路的创新，工作方法的创新和工作内容的创新。可以广泛开展"读书、荐书、评书"活动，通过讲述中华优秀传统文化、培养高尚道德情操、树立爱岗敬业榜样，使全校党员教师在阅读中增长才干、净化心灵，始终保持高尚的精神追求。

中小学校建设学习型党组织，为了变革思维方式，铸造团队精神。要形成团队学习、终身学习、自主学习等先进学习理念，铸造起团结拼搏、奋发向上的团队精神，使团队智商大于个人智商之和，发挥集体智商的效果。学校党组织要导入先进的学习理念，拓宽学习领域，将学习内容系列化、专题化，通过举办专题讲座、开辟学习专栏、开设教师论坛、搞好知识竞赛、举办学习成果交流等，促进优良学风的形成，树立全员学习、全程学习、终身学习的理念，形成爱读书、读好书、善读书的良好习惯，努力营造崇尚学习的浓厚氛围，切实做到学习工作化、工作学习化。

二、正视误区，树立先进的"学习观"

观念是建立学习型组织的灵魂。只有真正树立先进的学习观，才能顺利推进中小学校学习型党组织的创建，并使之发挥应有的作用。

1. 正视误区是建设学习型党组织的必要条件

提倡建设学习型党组织已经好多年，目前实践中还存在一些误区。只有正视这些误区，才能少走弯路，保障建设学习型党组织的效果。如果不能很好地克服这些思想认识上的误区，党员队伍的知识就会老化、思想就会僵化、能力就会退化，建设学习型党组织也就无从谈起。

第一，学习型党组织既要有"学习"，更要有"组织"。提起学习型党组织，一些人简单地理解为对党内学习教育的重申与强调，认为建设学习型党组织就是办班讲课、读书看报，或者就是组织大家培训学习。其实，学习型党组织并不是简单地强调学习。还有一些人认为，团队成员一起学习就是团队学习，这个认识误区是由于对团队学习的内涵不甚清楚。在学习型党组织建设中，党员干部当然是学习的主体，但"组织"的意义也将凸显。学习型组织强调的是，团队成员通过沟通与合作，解决影响组织生存与发展的问题，以最终实现组织的目标或愿景。一个具有学习能力，能够不断推进自我发展、自我完善、持续创新的组织，学习真正变成组织的自身精神追求，内化为组织的生存方式，使组织始终保持旺盛的生命力。

第二，学习型党组织不是一般的学习型组织，而是一个学习型的政治组织。中国共产党是马克思主义执政党，与一般的经济组织、社会组织不同，政治性是其根本属性。一方面，学习型党组织是坚定马克思主义信仰、坚定中国特色社会主义信念的党组织，这是我们建设学习型党组织区别于其他学习型组织的根本所在。另一方面，建设学习型党组织作为建设学习型政党的重要组成部分，目标是要使党组织学习不断走向科学化、制度化、规范化，使党员的学习能力不断提升、知识素养不断提高、先锋模范作用充分发挥，进而促使党组织创造力、凝聚力、战斗力不断增强。

第三，学习不是一项"抽象"的任务，而是工作本身的一部分。"学习型党组织"的学习，不是独立于工作之外，而是内化于工作中的，本身就是工作的一部分。实践—认识—实践，是马克思主义认识论的基本内容。建设学习型党组织，必须坚持理论联系实际的马克思主义学风，从工作中面临的实际问题出发，积极拓展学习的内容、途径、渠道，不断创新党组织学习的思路、办法和机制，让学习的过程变成自我提升的过程。

第四，建设学习型组织是一项经常性的工作，而不是"一阵风"。学习型党组织建设不是一时的权宜之计，而是一项长久的工作，是党组织永葆先进性纯洁性的内在要求，是党组织自我超越、自我完善的内在需要。建立学习型党组织的活动必须实打实地做，而不能流于形式，变成"一阵风"式的运动。应该将学习常态化、机制化。

2. 树立先进的"学习观"

学习型党组织是一个开放型组织。建设学习型党组织在于推动党组织从"一般性学习"向"学习型"转变，推动学习成为党组织的重要属性、行为方式和鲜明特征。要把建设学习型党组织落到实处，首先就要在先进理念的指引下，树立先进的"学习观"。

第一，树立终身学习的观念。终身学习强调人的一生必须不间断地接受教育和学习，以不断地更新知识，保持应变能力，从而适应时代的发展要求。教育家陶行知先生曾说："出世便是破蒙，进棺材才算毕业。"① 树立终身学习的意识对中小学教师来说尤为重要，这不但有助于教师自身学识与才能的进步，也有利于培养国家所需的合格人才。当今世界，科技日新月异，知识增长速度越来越快。过去那种"十年寒窗无人问，一举成名天下知"的知识观念已经很难适应现代社会的需要，甚至还会成为一个人成长的阻碍因素。面对不断变化发展的职业、家庭和社会生活，一个人只有及时更新自己的知识体系，不断培养新的技能，才能跟得上时代。对于负有"立德树人"重任的中小学教师来说，及时更新知识的重要性就更加凸显。因此，建设学习型党组织的一个重要任务就是用先进观念武装广大党员教师，使之自觉树立终身学习的观念。

第二，树立全员学习的观念。建设学习型党组织的目标不仅是让每个组织成员学起来，更为重要的是让整个组织学起来。只有每个组织成员都通过学习进步了，整个组织才能随之进步。从理论上讲，学习型党组织是一个所有组织成员都能自由发挥主观能动性的

---

① 《陶行知全集》，中国教育科学出版社 2010 年版，第 123 页。

交互式、探讨式的扁平状结构，这样的组织形态能更好地发挥每个党员的主观能动性，进而激发其创新能力。这就要求党员教师自觉树立全员学习的观念。尤其是中小学校长和书记，更要带头学习新知识和新观念，以提高自己的管理能力和领导水平，同时带动全体党员教师爱学习、善学习，通过学习提升自身素质。

第三，树立全程学习的观念。全程学习是学习型党组织的一个重要观念，即学习必须贯彻于组织系统运行的整个过程之中。对于中小学来说，创建学习型党组织，永葆党的先进性，就要把学习贯穿于党的建设、教育教学管理等工作的方方面面；广大党员教师应善于钻研、勤于钻研，不仅要立志做一名优秀的教师，更要有志于做一名教育家。

第四，树立团队学习观念。党组织的强大离不开每个团队成员的努力，但如果仅仅停留在每个成员的层面，那么，这样的学习也谈不上学习型党组织建设。在学习型党组织中，学习不再仅仅是个体行为，个体学习要融入团队学习。建设学习型党组织，不仅重视个人的学习和进步，更强调成员之间的合作学习和群体智力的开发，追求的是"1+1>2"的效果。学习型党组织就是要实现学习的组织化，优化集体学习的方法，激发集体学习的动力，增强党组织的整体学习力，实现学习型个体和学习型党组织的有机融合。毕竟，团体的集体智慧高于个人智慧，团体所产生的力量也要远远大于单一个体的简单累加。

三、创建中小学校学习型党组织的着力点

我国自古以来就有"学高为师"的古训，指的是教师应在学识上高人一筹，也说明具有深厚学识是好老师的必备素质之一。

当今信息时代，经济快速发展、社会日益多元、各种新知识不断涌现，做一名好老师，要想有扎实的学识，就必须不断学习，不断进步，努力提升自身的学识魅力，这样才能满足学生旺盛的求知欲，促进学生的学习发展，同时促进自身的专业成长。党的十九大报告指出，要增强学习本领，在全党营造善于学习、勇于实践的浓厚氛围，建设马克思主义学习型政党，推动建设学习大国。学习型政党是学习大国的前提，同时也对学习大国发挥着极其重要的引领作用。学习型政党要落实到每一个学习型党组织。当前，中小学创建学习型党组织，就要抓住三个着力点。

1. 发挥党组织和干部的带动作用

中小学校党组织和领导干部的表率作用，是推进学习型党组织建设取得实效的关键。推进学习型党组织建设，不是为学习而学习，而是要坚持学习理论与运用理论、改造客观世界与改造主观世界相统一，通过学习增强解决实际问题的本领和改造世界的能力，必须明确目标，注重效果。缺失了目标导向和效果考评，建设学习型党组织就可能沦为形式。当前，在一些中小学校党组织中存在着忙于事务、轻视学习的现象。除了客观上的任务重、工作忙之外，学习目标不明确、学习内容不规范、学习要求不具体等也是重要原因。因此，要发挥党组织和干部的带动作用，以提升学习效果。

第一，发挥党组织的带动作用。可以说，建设学习型党组织，本来就着眼于"组织"，学习型党组织理论就是以党组织的学习力、创新力提升为方向。建设学习型党组织，要在重视党员个体学习和智力开发的前提下，更加关注党组织的学习和群体智力的开发，深入改革发展生动实践，加强调查研究，虚心向师生群众请教，集中民意，不断总结师生群众创造的新方法新经验。要善于学习借鉴其他中小学校的好做法好经验，紧密联系自身实际，有机地运用到实际工作中去，丰富和拓展本单位改革发展的思路和办法。要将个人素质的提升与组织领导水平的改进紧密结合起来，注重党员教师间的相互交流、相互学习、相互启发、相互激励、相互促进，从而更大限度地拓展建设学习型党组织的思路，促成学习型党组织建设取得良好成效。

第二，发挥领导干部的示范作用。"火车跑得快，全靠车头带"。建设学习型党组织，需要领导干部率先垂范。不仅要带头做学习的表率，还要切实担负起带领组织共同学习的重任。对于中小学校来说，校长和书记要带头做到"学历有终点，学习无止境"，切实增强学习的紧迫感和主动性，自觉从减少应酬中"挤"时间，从事务性工作中"腾"时间，从其他活动中"抠"时间，努力提高各方面的能力，在不断优化知识结构、开阔思路、把握规律中，提高科学思维能力，成为中小学教育的行家里手。要坚持把学习作为提高素质、增长本领、做好领导工作的根本途径，先学一步、深学一层、多学一些，作不断学习、善于学习的表率，推动学校党组织和党员的学习。

第三，注重营造良好的学习氛围。"近朱者赤，近墨者黑"。建设学习型党组织，要注重良好氛围的建设。通过充分调动每个成员的积极性，在党组织范围内共同建设良好的学习生态。值得指出的是，党组织作为一个团队是建设学习型党组织的落脚点，更容易发挥营造良好氛围的优势。反过来看，良好的学习氛围又是党组织的一个鲜明特征，体现了建设学习型党组织的成效。推动中小学校学习型党组织建设，必须进一步加大宣传报道力度，形成有利于学习型党组织建设的舆论环境，大力营造重视学习、崇尚学习的良好风气。要适应社会信息化的新趋势，在注重发挥好校报校刊、宣传栏、校园广播电视台等传统媒体作用的同时，充分发挥互联网和手机等新兴媒体的独特优势，内鼓士气、外树形象，扩大宣传的覆盖面和影响力，为学习型党组织建设营造良好的氛围。

2. 创新学习型党组织建设的方式方法

党的十八大以来，大多数中小学校党组织通过加强党员教育，提高了党员队伍整体素质，党员干部先锋模范作用进一步发挥，党组织的战斗堡垒作用进一步增强，工作作风进一步改进，为促进教育改革和发展提供了强有力的思想政治保证。但是从立党为公、执教为民、办人民满意教育的要求来看，中小学党员教育工作不能完全适应新形势、新任务的要求。实践中，党员教师平时工作在一线，空闲时间较少，学习的时间、次数及深度还不够；个别党员对政治理论学习不够深入，政治站位和业务能力还需进一步提高；还需加强对学习情况的定期不定期检查，更好更有效地确保学习时间、内容、人员、措施、效果"五落实"。总之，中小学校学习型党组织建设还需要不断在形式和内容上加以创新。

第一，既保持学习内容的稳定性，又突出学习内容的时代性。学习型党组织学习的内容，主要包括以下几个方面：一是马克思主义基本理论教育。毛泽东指出："如果我们党有一百个至两百个系统地而不是零碎地、实际地而不是空洞地学会了马克思列宁主义的同志，就会大大地提高我们党的战斗力量。"① 要学习

① 《毛泽东选集》第2卷，人民出版社1991年版，第533页。

马克思列宁主义、毛泽东思想、中国特色社会主义理论体系特别是习近平新时代中国特色社会主义思想。要站稳马克思主义的根本立场，全面掌握马克思主义理论的研究方法，系统掌握马克思主义基本原理的逻辑，在此基础上真学真懂真信真用马克思主义理论。二是理想信念和宗旨教育。理想信念和党的宗旨是共产党员先进性的思想基础。习近平总书记反复强调理想信念的重要性，指出："理想信念就是共产党人精神上的'钙'，没有理想信念，理想信念不坚定，精神上就会'缺钙'，就会得'软骨病'。"强调"人民有信仰，民族有希望，国家有力量。"一个共产党员，只有牢固树立共产主义远大理想，坚定中国特色社会主义信念，树立全心全意为人民服务的宗旨，才会自觉实践党的先进性。三是道德品质教育。共产党员的道德修养是党员先进性纯洁性的重要体现。党员的道德修养具有鲜明的示范性和导向性。通过道德教育，构筑起保持党员先进性的坚强防线。中小学党员的道德品质教育，要着力在师德上下功夫。中小学校党组织要以饱满的热情、务实的作风、勤勉的工作，努力铸造出一支师德高尚、业务精良的教育铁军。四是组织纪律教育。要教育党员始终与党中央保持政治上的高度一致，自觉做到"四个服从"，遵守党内法规和党的纪律，增强党员的自我约束能力。五是履行岗位职责的能力教育。引导教师党员学习学校发展和个人岗位所需要的经济、政治、文化、科技、教育、社会和国际等方面的知识，尤其要结合学校人才培养、科学研究、队伍建设、社会服务等方面的重要问题，学习教育改革发展方面的有关内容。

第二，创新学习型党组织建设的教育方法。中小学校学习型党组织建设工作，要逐步改变过去那种学习教育与党员管理脱节，机械的、灌输式、说教式的教育方式，采取灵活多样的、党员喜闻乐见的方式方法，调动党员教师参与学习的积极性。一是坚持正面教育。在如今愈来愈开放的信息化社会里，在人们的价值取向日益多元化的条件下，必须坚持正面教育，正面引导，正确把握教育的方向。二是进行互动教育。传统的教育方式往往是一种居高临下的说教式、灌输式，教育缺乏民主的气氛和平等的交流。互动式教育方式是教育者和被教育者的平等交流与对话，这种教育方式能够充分调动被教育者学习思考问题的主动性，在互动中把教育活动推向深入。三是加强自我教育。自我教育是党员实施自我革新的基本方法，目的在于引导党员自我反思、自我改进、自我提高。这种教育形式，包括自我学习、自我对比、自我批评等。四是组织集中学习。集中学习的特点是主题突出，时间集中，目的明确，参与广泛，效果明显。中小学党员平时大多承担着较重的课业任务，因此党组织要根据学校党员工作的特点，通过现场讨论、专题研讨、辅导报告、资料学习或者案例探讨等活动，确保党组织学习的连续性、持久性。

第三，创新学习型党组织的管理方式。中小学校加强对学习型党组织建设的管理，要坚持问题导向、细处入手、循序渐进、务求实效的原则，在领导、内容、形式、方法、手段、机制等方面，对管理工作加以改进。党组织在工作方法上要做好四个转变：一是从"注重管理型"到"率先示范型"转变。注重加强领导带头示范，党组织负责人要坚持带头学理论、带头写文章、带头讲党课，用自身的遵章守纪带动党员教师的自律自觉。搭建在线理论学习平台，要求党员教师关注党中央的理论实践的新发展，在学习领会党中央的方针政策及创新理论方面走在前面。二是从"单方灌输型"到"双向交流型"转变。党组织定期开展问卷调查、谈心谈话，及时了解掌握党员教师以及入党积极分子的思想动态，疏、导并举，教育入脑入心。三是从"传统说教型"到"网络引导型"转变。充分运用现代信息技术手段，以校园网为载体，充分发挥"两微一博"的新媒体协同效应，精心打造网络学习平台。四是从"主题教育型"到"隐形渗透型"转变。在学校里，最有效的学习应该是"春风化雨，润物无声"。要将学习寓于环境、文化、活动之中，注重加强文化建设，用良好的党建文化环境影响人、塑造人。

3. 创新学习型党组织的建设机制

抓好中小学校学习型党组织建设，关键是要建立一套科学完备、符合实际、行之有效的学习制度。中小学校党组织要充分发挥自身在学习和教育方面的优势，认真总结经验，不断完善集体学习与自学、培训、调查研究、主题教育、学习成果转化等制度，形成一整套制度规范，更好地用制度来保证学习任务的落实，使学习由"软任务"变成"硬约束"。

第一，完善领导干部"导学带学促学"机制。从具体实际来看，一是可以把理论学习中心组制度引进到中小学校党组织，积极探索"理论学习—问题研讨—推动工作"一体化学习机制，加强对重大问题的专题研讨。二是建立健全工作责任制，明确任务分工，加强协同配合，形成学校统一领导，各相关部门积极参与的领导体制和工作机制，确保"数量"和"质量"到位，构筑"集约式"的支撑体系。三是明确党组织一把手在建设学习型党组织中的地位和作用，要求党组织书记带头宣讲党的路线方针政策，把建设学习型党组织的工作纳入党组织书记的日常工作，使之制度化、常态化。四是坚持政治教育与业务培训相统一，大力推进问题式学习、质疑式学习、互动式学习、研讨式学习、反思式学习的制度化，建立学习工作一体化的制度平台，让学习跟着问题走，变学习为工作的一部分，形成学以致用、用以促学、学用相长的良性循环。

第二，健全监督考核机制，推进学习型党组织建设常态化。考评制度可以量质兼顾、个人集体兼顾，通过适当权重的分配，既能保证集中学习的落实，也能保证个人自我学习的空间，激发个人在专业研究方面更加深入，推动一般精神与个人工作实际相结合。中小学校党组织在制订考核指标上，一是要科学设置内容标准，突出考核的操作性。着力考评学习的科学性和可行性，根据部门、岗位职责不同，分类制定年度党员教师学习目标考核指标，实现考核结果的科学性和准确度。二是建立集体学习考勤制度、个人学习档案制度、学习成果汇报交流制度等，做到个人学习有计划、集体学习有考勤、集中研讨有记录、学习成果有检查。三是采取日常抽检、专题督导、自查自纠、组织考评等手段对学习型党组织进行考评，重点考评学习的系统性和实效性。四是考评体系建设结果运用必须突出实效化，充分发挥结果的正向激励作用，把学习与干部使用和班子考评相结合，纳入领导班子绩效考核体系、纳入党员干部年度工作考核体系。

第三，建立和完善激励约束机制，推动学习成果转化。激励约束机制是通过正反两方面的作用共同解决学习动力问题，是建设学习型党组织的重要保障。激励约束机制应该突出解决问题的意识，把学习成果的转化作为重要考量因素。要按照分类指导、简便易行、学用结合的原则，进一步加强学习考核工作，明确考核主体，细化考核指标，抓好考核结果运用，科学反映学校学习型党组织建设的实际水平，推动把学习情况作为评价中小学党员领导干部的重要依据，并与其晋级、晋职、评奖、评优等挂钩。要强化制度的约束力和执行力，明确落实责任，加大督促检查力度，维护制度的严肃性和权威性，引导广大中小学党员干部增强制度意识，切实把制度规定真正内化为全校党员干部的自觉行动，确保各项学习制度得到长期坚持和有效执行。

总之，中小学校党组织要以构建学习型党组织为支撑，鼓励党员教师实现自我超越，变"要我学"为"我要学"，不断提高党员教师的自学能力、思维能力和创新能力。加强机制建设，实现学习型党组织建设的常态化规范化，营造"靠学习立身、靠素质进步"的制度环境氛围，激励广大党员教师重视学习、崇尚学习，自觉把学习当作一种生活方式和工作方式，全面提高学习型党组织建设的科学化水平。

四、依托学习型党组织打造书香校园

当前，建设高质量教育体系的同时，学习型社会正在加快建设。中小学校党组织要把学习型党组织建设放在重要位置，依托党建优势，把学习型党组织扩展到整个学校，积极推进书香校园建设。

1. 以学习型党组织引领书香校园建设

学习型组织理论最先倡导者之一美国戴维·加尔文在《学习型组织行动纲领》一书中指出，学习型组织是指能熟练地创造、获取、解释、转移和保留知识，并根据这些新的知识和观点，自觉地调整自身行为的组织。美国学者彼得·圣吉在《第五项修炼——学习型组织的艺术与实务》一书中提出，拥有强大的学习力是一个组织未来的核心竞争力，建设学习型组织，能够把学习力转化为竞争力，确保组织的发展和存续。新形势下，我们要研究与建设学习型组织相关的理论，全面把握学习型组织建设的实践要点，以学习型党组织引领中小学书香校园建设。

"马克思主义学习型党组织建设是一种组织建构意义上的学习，其指向不是简单的知识性学习，而是一种能力性学习。"① 学习型党组织对书香校园建设的推动，主要表现在以下几个方面：一是提供行为导向机制。中小学校党组织书记往往是建设学习型党组织的负责人，他们肩负着"组织、指导、保障、督促"等方面的责任，同时扮演着身体力行、率先示范的角色，能够发挥先进典型的带头作用，在党组织内部引导广大党员刻苦学习、创先争优。二是提供动力机制。建设学习型党组织的目标任务是十分明确的，通过学习目标、考评标准、激励机制等有助于激发广大师生学习的能动性，确保党组织和广大师生学习的连续性、持久性、有效性。三是打造组织体系。建设学习型党组织的出发点不是单体素质的提升，而是组织能力的提升。因此，这种组织优势往往体现在对多形式、多层次、全方位的终身学习教育体系的设计上。

第一，共启书香校园的"学习愿景"。学习愿景就是组织中的人们对学习所共同持有的一种意象或愿望、理想、远景或目标，简单地说，就是培养组织成员的自我超越意识，通过建立愿景，明确通过学习要实现一个什么目标，进而不断产生出"创造

---

① 齐卫平：《建设马克思主义学习型党组织的若干问题研究》，《学习论坛》2011年第5期。

性张力"。一般来说，愿景有三要素组成，目标、价值观和使命感。在这方面，学习型党组织作为肩负着使命、有着奋斗目标和稳定价值观的组织，无疑与书香校园建设具有某种内在的一致性。

第二，凝聚书香校园的"学习动力"。学习动力要解决的就是为什么要学习的问题。学习型组织注重自我超越，就是着眼于学习动力问题。自我超越要求组织成员能够不断理清个人的真正愿望，集中精力，培养耐心，通过自我否定实现自我的发展。而组织整体对于学习的意愿与能力，植根于各成员对于学习的意愿与能力。建设学习型党组织和书香校园，就要把这种先进性的品格发扬出来，使之同时成为中小学校的精神支柱和无形财富。

第三，改善书香校园的"学习方式"。学习型组织强调终身学习、全员学习、全过程学习，最终实现组织学习的目标。在打造书香校园时通过产品设计、用户体验、宣传活动中，可以把有相同阅读兴趣的用户连接起来打造社群化的分享体系。分工协作的模式，有助于充分调动各个成员的积极性，体现团队优势。这种优势，可以为书香校园的建设奠定坚实的基础。

第四，更新书香校园的"学习思维"。学习型组织需要通过不断学习，弥补组织成员在思想方法、思维习惯、思维风格和心理素质方面的缺陷，建立系统思考的思维方式，也就是说，每个组织成员要善于运用系统的观点对待组织的发展。系统思考是建设学习型组织的重要训练之一，目的是学会从整体出发来分析关键问题，透过现象分析问题背后的原因，从根本上解决问题。而要学会系统思考，一要防止分割思考，注意整体思考；二要防止静止思考，注意动态思考；三要防止片面思考，注意全面思考。

因此，立足学习型党组织的建设，就可以把这些思维方式带到书香校园建设中去。

第五，拓展书香校园的"学习阵地"。电子信息、互联网、远程教育网等技术和设备产品的发展和日益普及，为推广开放式学习、互动式学习等新模式，进一步打造和发挥组织化学习的整体性、制度性优势，提供了重要的技术保障。当前"互联网+"的时代背景下建设书香校园，面临着网络快餐文化及"网红"文化对书香校园建设的强力冲击。中小学校应该顺势而为，采用网络学习渠道和方法，提高学习时效并创新学习方式。一方面，加强数字图书馆、数字出版物、电化教育等网络学习教育平台建设，扎实推进网上学习资源共享工程建设，有组织地开展阅读计划。另一方面，加强新媒体传播特性研究，以数字图书馆为龙头，发挥各类官方微信、微博、短视频平台的主导力量，采用交互式方式，协力推送师生接受度更高的内容或者"更接地气"的内容。比如，打造"网红"课程，借助短视频平台吸引广大师生。

2. 以书香校园建设推动师生素质提升

中小学校师生的素质高低在很大程度体现了学校的办学水平。建设书香校园必须与加强学习型师生队伍建设结合起来，通过提高师生的思想觉悟和认识水平，进而增强整个学校的学习力、创造力、凝聚力。换言之，中小学书香校园建设最终要落实到广大师生的素质提升方面。

从实践来看，推进书香校园建设，也离不开广大师生的参与。广大师生既是书香校园建设的一个有机组成部分，又是创建工作的组织者、推动者和实践者。无论是提高教师队伍素质，还是增强党组织的学习力、创造力、凝聚力和战斗力，归根结底都要从一个个师生开始。推进书香校园建设，最为重要的工作就是加强对教师的培训，通过老师们的带动，激发广大师生自我超越、自我更新的积极性，变"要我学"为"我要学"，从而不断优化自身的知识结构，不断提高自身的学习能力、思维能力和创新能力，最终实现广大师生能力的提高，保持整个学校的生机活力。当今世界，只有学以致用，学以促学，温故知新，才能真正做到"善学"，不断推动书香校园建设活动创新发展。对于广大师生来说，则需要抓住书香校园建设的机遇，不断强化学习意识，真正把学习当作一种工作责任、一种精神追求，做一个爱学习、会学习的人。一要善于学习，自觉摒弃自满心态，把学习当作基本的生活方式之一，通过学习进一步坚定理想信念、提高政治素养、锤炼道德操守、提升思想境界。二要勇于实践。实践是检验真理的唯一标准。广大师生要充分发扬理论联系实际的马克思主义学风，在建设书香校园的过程中提升自我。三要善于反思和总结。不断反思和总结，是提高学习水平的重要方法。学而不思则罔，思而不学则殆。广大师生应该把学与思结合起来，善于运用马克思主义的立场观点方法分析、检查自己的思想和言行，发扬优点，改进不足，不断提高自身各方面素质。

近年来，人大附中朝阳学校积极创新书香校园"学习"品牌。学校党总支把学习教育作为重要工作来抓，围绕传统文化、革命文化以及社会主义先进文化等主题，开展多种形式的学习教育活动，使广大党员进一步树立了文化自信。一是把"理论专家请进来"。"系列专家讲座"是学校党总支开展党员教育的一个品牌活动。几年来，一位位专家学者走进校园，宣讲了《宪法在法治体系中的核心作用》《大国迈向强国之路》《践行社会主义核心价值观，做"三严三实"的好老师》《"两学一做"：学什么，做什么》《"我是谁"：如何正确认识中国共产党》等理论专题，报告精彩纷呈，令全体党员信心倍增。二是提倡"应知应会学起来"。党总支固定在每周二组织全校教职工集中学习。为了提高学习效果，校党总支编辑印发了数百篇学习材料，并开发设计了"集中培训考试题库"和学习试卷，检验党员的学习成果。为了便于党员利用碎片化时间自主学习，学校党总支还编辑印制了《党员应知、应会、应做100题》的"口袋书"，党员人手一册。三是"智慧学习动起来"。为有力保证政治理论学习的质量，积极探索理论学习新形式，发挥党建信息平台作用，定期通过学校党建信息平台、党总支微信公众号等渠道发送学习材料。借助线上线下学习平台，采取党员自主学、支部集中学、党课辅导学、线上随机学等方式提升整体学习质量，确保学习效果。

第五章　创建创新型党组织，培育创新人才

创新能力是一个国家和民族核心竞争力的重要标志。习近平总书记指出："创新是一个民族进步的灵魂，是一个国家兴旺发达的不竭动力，也是中华民族最深沉的民族禀赋。在激烈的国际竞争中，惟创新者进，惟创新者强，惟创新者胜。"中小学创新人才培养关系民族的前途命运。当今中国社会高度高关注的话题之一，是中小学学生的教育。广大中小学校要以创建创新型党组织为抓手，促进教育理念变革，从党建创新促教育教学实践创新，发现孩子的潜能，唤醒孩子的创造力。

一、中小学教育面临的新挑战

教育是广泛存在于人类生活中的社会现象，是有目的地培养社会人的活动。联合国教科文组织报告《教育——财富蕴藏其中》提道：虽然说"教育并不是解决上述问题的'万能钥匙'，但它的确是一种促进更和谐、更可靠的人类发展的一种手段"。但当前，我国中小学教育中存在一些问题。比如，注重"教书"，忽视"育人"；重视教师的"教"，忽视学生的"主动学"；重视"分数"，忽视培养学生的创新能力；重视学生的"人身安全"，忽视学生心理健康的引导与教育等。这些问题和挑战的存在，亟待通过创新予以解决。

1. 教师出现职业倦怠，缺乏创新热情

"学高为师，身正为范"是社会对教师的道德期许和规范，比对其他行业的要求更高。当前，社会对某些教师角色的不认可，家长对教师的要求更苛刻，学校内部升学竞争压力加剧，来自行政部门的各种考核、检查、评比增多且标准不明晰，缺少兼容性和人性化安排等种种因素，使得教师职业倦怠不断蔓延。一是由于对一些教育理念的错误理解，过于强调学生权利和对学生的保护，制度层面缺乏约束学生的手段，再加上舆论的影响，一旦老师与学生出现冲突，一些地方的教育部门和学校，把息事宁人作为至上法则，不能够正确处理问题，严重损伤了教师职业的公信力，打击了老师教育学生的积极性。二是备课、教学、处理日常班务并不是教师工作的全部，不少老师疲于应付其他部门摊派到的学校各类活动任务及各项考核评比。三是教师参加继续教育缺乏动力。当前，社会发展迅速，只有持续接受再教育，才能赶上时代步伐。对于广大中小学教师来说，尤其应该如此。然而，由于培训内容陈旧、培训方式单一、施训教师本身素质不高等，中小学教师继续教育的意愿并不高。

出现职业倦怠后，一些教师对专业工作缺乏兴趣、缺乏热忱和变革的愿望。对学生的需求、敏感度降低了，对学生的困难也不愿意给予支持和帮助，极大地影响教育目的的达成。

2. 培养目标偏离，重考试轻创新

陶行知先生曾经说过："天天是创新之时，处处是创新之地，人人是创新之人。"创新教育是以培养人的创新意识和创造能力为价值取向的教育实践。其核心是在全面实施素质教育的进程中

着力培养中小学生的创新意识和创造能力。从整个大环境看，当前，我们的中小学教育存在过于关注学生的考试分数，而忽视创新能力培养的问题。实际上，考试的主要意义有四点：一是心理考验；二是对学习任务完成情况的检验；三是对学习方法的检验；四是对知识的运用能力的检验。客观地讲，考试作为一种教育评价手段，是学生学习过程中的重要组成部分。有学习必有评价，这是教育的基本规律之一。从教师角度来讲，考试则是对教学效果的检验，是收集反馈信息的工具。教师应依据学生在考试中反映出来的问题，不断地调整自己的教学行为，查漏补缺，不断提升教学能力和对学生学习的指导水平。但一些中小学把考试、分数、升学率作为唯一的教育目标，会导致学生创新能力不强、创新潜质受到压抑。

3. 学生心理问题愈加突出

心理健康对于培养中小学生的独立健全的人格、形成自信自强的精神品质、树立理想信念和生活目标都至关重要。对于中小学阶段的孩子来说，心智发育还不成熟，对自己的情绪难以做到收放自如的平衡和控制，这些都是可以理解的。但调查结果表明，当前中小学生心理问题有以下一些常见表现：有强迫症状的学生总在想一些没必要的事情；有偏执倾向的学生总感觉自己想法和别人不一样；人际关系敏感的学生总感觉其他人不理解、不同情自己；有敌对倾向学生常发脾气，摔东西、大叫；有焦虑倾向学生总感到莫名的紧张、坐立不安；有心理不平衡的学生看别的同学考得比自己好、比自己有钱或穿名牌服装时就觉得不舒服。此外，随着互联网的普及，中小学生日益成为网民的重要组成部分。过量的信息对中小学生的心理造成了严重的干扰。有些信息难以做到及时过滤和管控，会给中小学生造成严重的危害。有些孩子沉迷网络虚拟世界而逃避现实；还有些孩子在网上获得了超出其生理发展阶段的信息，呈现出过于早熟的特点；也有些孩子效法网上的有害行为，在校园不能与同学友好相处，成为校园暴力、校园欺凌的实施者等。这些现象应当引起有关部门的高度重视。

4. 中小学校党建工作机制亟待创新

中小学校党建工作对保证党的教育方针的贯彻落实，促进教育事业的改革和发展发挥着不可替代的作用。但毋庸讳言，随着世情党情国情的变化，中小学校党建也面临着新的形势和考验。

实践中，不少中小学校党建工作创新性不足。基层党组织生活缺少创新意识和手段，存在流于形式的倾向，吸引力和凝聚力不够。习惯用老眼光看问题，没有充分发挥主观能动性，局限于按经验工作，虽然对于一般性的工作能够很好地落实，但是结合学校的具体实际进行开拓和创新的意识和行动有待强化，在教育管理工作方面缺乏创新意识。一些学校忽视了对党员教师的教育培养，认为教学技能、教学质量最为重要，对党员教师的思想教育缺乏针对性，教育内容枯燥，方式方法单一，缺乏生机和活力。活动载体和组织形式创新不够，根据党组织特点设计开展的特色活动还需要加强。中小学校党建工作机制亟待创新和发展。

二、建设创新型党组织，促进教育理念变革

当前，提高自主创新能力，建设创新性国家，是国家发展战略的核心，是提高综合国力的关键。在经济全球化不断深化和知

识经济快速发展的今天，自主创新能力已经成为国家间激烈角逐中胜败的决定性因素。近年来，不少中小学校把创新创建作为落实党建主体责任的重要内容，把党建优势转化为工作优势，在推动创新中体现党的政治优势，创建创新型党组织，促进教育理念变革，已经蔚然成风。

1. 努力打造中小学创新型党组织

创新是一个民族进步的灵魂，是一个国家兴旺发达的不竭动力，也是一个政党永葆生机的源泉。创新型政党实质上是政党的自我超越，是政党对既有理念、体制机制、经验、成就及一系列固有体系与时俱进的超越和突破。[①] 建设创新型党组织的直接目标就是解决新问题新矛盾，提出新办法新方法，以解决问题为导向提高党员、群众对党组织的满意度和认可度。中小学校建设创新型党组织，要注重做好以下几个方面：

第一，在思想理念上创新。建设创新型党组织的首要任务就是树立创新思维，让创新成为党组织及其党员的自觉追求和内在要求。思想理念创新就是不拘泥文本，不因循守旧，反对照搬照抄的本本主义和教条主义，思想理念创新的本质是实事求是。对创新型党组织来说，在思想理念上创新，就是要始终坚持解放思想、实事求是和与时俱进，把创新理念融入党组织的各项工作中。中小学校党组织要敢于打破传统的思维定式，创新党建工作理念、工作方式和活动内容，充分发挥党的思想政治优势、组织优势和密切联系群众的优势，积极协助学校领导解决教育教学中

---

① 上海市党建研究会课题组：《创新型马克思主义执政党建设研究》,《党政论坛》2014 年第 2 期。

的急难问题，努力实现党组织的自身价值。此外，在"互联网+"时代，中小学校党组织要注重树立用户思维、草根思维、社群思维，关注师生的实际需求，增加党组织活动的社交功能，提高凝聚力和影响力。

第二，在工作机制上创新。创新机制是建设创新型党组织的制度保障。没有创新机制，创新理念就难以树立。中小学校党组织党建工作要创新，必须以高效的工作机制为保证。一要针对当前最迫切需要解决的问题、制约党组织和党员发挥作用的突出问题、党员群众反映最强烈的问题，切实发挥中小学校党组织的战斗堡垒作用和共产党员的先锋模范作用，创新工作机制。二要明确党组织的角色定位。必须明确中小学校党组织的角色定位，这是党建工作机制创新的大前提。中小学校党组织在保证社会主义办学方向、服务教育教学中心工作、提高教师队伍建设水平、优化学校治理方面，发挥着重要的作用，必须予以明确。三要促进党建工作的制度化、程序化、规范化。按照有关规定对党建工作进行科学分析和研究，形成系统的、完整的工作程序，用以指导和规范党建工作。要构建创新的激励引导机制、考核评价机制、监督约束机制，通过构建机制之间相互衔接、相互协调、相互促进的有效联动，健全创新的制度保障。四要构建学校党建工作的保障机制。随着学校规模的壮大、党员人数的增多而优化设置，这是开展党建工作的基础所在。经费保障对党建工作的顺利推进也十分重要，应将学校党建工作经费与学校行政业务经费一并纳入财政预算，对中小学校党建工作给予必要的经费支持。五要实现党建内容和方式与时俱进。党建工作内容应该紧紧围绕党的路线方针政策展开；在党建工作方式上，应该更加注重体验式学习与培训，引导党员干部自觉把党的理念、主张与教育教学工作结合起来，从而唤醒、提高其党性意识、宗旨意识，发挥其先锋模范作用。

第三，在活动载体上创新。一要通过阵地建设、制度建设、成果展示、党员岗位标识设置等措施，营造浓厚党建氛围，展现学校党建工作的新成效，不断激发党组织的自身活力。二要定期开展符合中小学党员教师特点的"争当优秀共产党员、争创党员先锋岗、争创先进党组织"等活动，在学校形成立足岗位讲奉献、立足奉献作表率、立足表率争先进的优良风气。三要从"党建+师德""党建+德育""党建+人才""党建+公益"等方面发力，结合实际工作，着力推进党建特色品牌创建活动。

第四，注重思想政治教育方法的创新。思想政治教育必须坚持正确的政治方向和严格的政治纪律，并不断探索思想政治教育规律，创新思想政治教育方法，努力提升教育的针对性和有效性。

第五，注重党内政治生活方式的创新。党内政治生活是加强党性修养的重要阵地，在基层党组织建设中，除了传统的"三会一课"之外，还要通过更加丰富的载体开展党内政治生活，使组织生活的效果更加明显。要拓宽阵地建设，创新组织形式，优化组织结构，建立"功能型党小组"，建好党员活动阵地，使党员"活动上有阵地、政治上有舞台"。

第六，注重基层党组织活动方式的创新。在互联网和新媒体时代，采用信息技术，打造"党建云平台"，推行"互联网+党建"模式，促使活动方式更加灵活。

第七，注重基层党组织管理方式的创新。不断探索和健全基层党建各项指标的评估考核体系，坚持定性评估和定量评估相结合的原则，提高学校党建工作的科学化、规范化和制度化水平。健全和落实党内各项组织制度，将党员教育管理的各项工作细化成可操作的内容，通过建立目标管理、全程管控、绩效评估的责任管理体系，推动党建工作从"软任务"向"硬指标"转变，建立中小学党的建设与教育教学工作相互联系、相互促进的量化考评责任机制。

第八，注重在校园文化建设上创新。校园文化对中小学生的思想观念、价值取向和行为方式有着潜移默化的影响。推进中小学校园文化建设创新，能使中小学师生在日常生活和各种活动中感受到思想和文化的力量，起到春风化雨、润物无声的效果。一是结合校训、校史为核心的校园精神，通过校训、校歌、校风的凝练和传扬，让青年学生感受先辈创业的艰辛历程，培养知恩感恩、追比先贤的精神品质。二是通过开展文明课堂、文明寝室、文明竞赛等活动，培育学生尊师重教、注重礼仪、团结互助、友爱他人的思想品德。三是在节假日、纪念日等重大时间节点，组织不同层次、不同对象开展活动，进行革命传统教育，寓教于乐，增强凝聚力和向心力。四是举办青少年科技创新、学生书画摄影作品创作展，在校园形成人人竞相创新的文化氛围。

2. 坚决纠正党建与教育教学相割裂的错误观念

在中小学校，党建工作与教育教学相辅相成，都是培养人才工作的重要组成部分。但在实践中，有的教师认为，"我是教师，只要专心做好教学工作就可以了。党建工作，是书记、副书记的事"。其实这是十分错误的。党建工作是管全局的，是做人的工作，不是为了党建而党建，是要解决现实问题的。就中小学的人才培养工作而言，最终目的都是培养人才中的"人"，都是为了培养出合格的"人"。相较于党建工作的"管全局"，教育教学工作则侧重于人的具体才能，二者最终目标是一致的。

一方面，应该以党建促教育教学。加强中小学校党建工作，是维护学校稳定、促进学校发展、构建和谐校园的根本保障。教育教学是学校的中心工作，学校党建工作也必须围绕这一中心工作展开，为全面提高教育教学质量服务。总体来说，党建工作对教育教学的促进作用主要体现在：一是精神鼓舞，调动广大教职工立德树人的积极性。二是协调矛盾，党建工作有助于教职工正确处理当前利益与长远利益、个人利益与团队利益的矛盾，从而最大限度确保立德树人目标的实现。三是攻坚克难，对于教育教学工作中遇到的难题，党建工作可以起到整合力量、共同攻坚的效果。在教学和人才培养过程中，要正确处理好党建工作与立德树人的关系，紧紧围绕育人这个主题展开，落实到为学校服务、为教师服务、为教育教学服务宗旨，努力做到"管理育人、教书育人、服务育人"，营造良好的育人环境。中小学校党组织可以把落实党建工作的重点放在教研组，放在课堂。根据教学工作需要，结合党员思想政治素质要求，将党员教师中的教研室主任、骨干教师和青年教师等作为推动业务工作的"领头雁"，让其主动承担新进教师导师任务，将业务工作中的好做法、好经验，通过传帮带的形式传承下去，进而传达给学生。

另一方面，应该围绕教学抓党建。党建不是空洞的宣教。对于中小学的党建工作而言，就要在日常教学的一点一滴中体现党建。具体来说，在教学实施中，可以将党建工作同教学业务通盘考虑，找到合适的切入点，将党建工作与部门业务工作同步规划、同步部署、同步落实，让党建与教学有机结合到一起。比如，经常组织党员教师互相听课评课，指出优缺点，以期取长补短，共同提高课堂教学效率。此外，围绕教学抓党建的一个重要工作就是，善于在教学工作中检验党建工作成效。在进行教师梯队考核时，教师的党建工作情况也是考核内容之一，其考核情况由教师所在的支部负责，既切合实际，又结合工作，时刻保证党建工作和业务工作的紧密联系。教育教学工作做好了，进展顺利，能够实现预定目标，就说明党建工作做到位了；反之，教学工作一塌糊涂，教育教学目标迟迟不能实现，很难说党建工作有成效。

值得强调的是，要关注和培养符合中小学教育创新发展需要的教师。没有创新型的教师，怎么会培养出创新型的学生呢？创新学生培养的一个关键就是要打造出与创新人才培养目标相适应的师资队伍，这应该被作为优先关注的基础工程。

3. 把教育理念变革作为学校改革发展的原动力

思想是行动的先导和动力，教育思想是规范和引导人们的教育思考、行为的概念与命题的体系。一部教育发展史，也是一部教育思想变革史。谁创造了引领世界的教育思想，谁就主导着世界范围内的教育格局，引导着世界范围内的教育行动。

真正的教育改革发展，首先应该是教育理念的变革。比如，人大附中的跨越式发展始于 1997 年，现任国务院参事、人大附中联合总校校长的刘彭芝被任命为人大附中第九任校长。此时的人大附中在北京市并非是最优秀的学校，与北京四中等一流名校还有着不小的差距。刘彭芝校长在上任的第五天，就重新确立了人大附中的奋斗目标——"国内领先，国际一流，创世界名校"，并提出了她独特的办学思想："尊重个性，挖掘潜力，一切为了学生的发展，一切为了祖国的腾飞，一切为了人类的进步。"可以说，这二十多年，是刘彭芝校长"爱与尊重"的教育理念和办学思想在人大附中不断落实与深化的过程。正是在这种理念与思想的指引下，人大附中迅速发展，创造了一个又一个奇迹。

人大附中朝阳学校是北京市朝阳区引进人大附中优质教育资源创办的一所公立学校。学校秉承人大附中的办学理念，在课程设置、教学管理、教师培养、学校管理等方面全方位借鉴人大附中的办学经验，全方位共享人大附中的优质教育资源。

刘彭芝校长的教育理念何以能生发出如此强大的力量，关键在于其抓住了教育的本质。"尊重个性，挖掘潜力"正是对教育本质的最好诠释。当一个人的个性、潜力、禀赋得到发展和展示的时候，他是幸福的、自信的、积极的、自主的、充满正能量的。这是教育的应有之义，也是教育的规律。

很多时候，我们怀揣着希望前行，却经常走着走着，就忘记了自己为何出发，走向何方。我们的教育正是如此，多少年来，我们一直为教育拼搏奋斗，学生起早贪黑、寒窗苦读，教师夜以继日、呕心沥血。然而到最后，我们发现，我们的教育似乎只是为了高考的分数，教育的本质、价值、意义早已成为一个个空泛而模糊的概念，我们甚至以教育的名义扼杀个性和潜力。本是青春盛放的年纪，学生却被当成一个个没有热度的产品，凡考上大学的即为合格产品，落榜者为次品，升入重点大学者为优质产品。在我们广大的基层学校里，有太多这样的学校，校长是厂长，教导主任是监工，教师是操作工。这样一条流水线，从头到尾充斥着锻造的敲击声，哪里能听到教育滋润灵魂的声音？

基层教育要改革，必须首先改教育理念！我们的教育真正缺少的不是宽敞明亮的校舍，而是对教育规律的尊重，对教育本质清晰的理解以及改革教育的勇气和智慧。教育理念的改变，最好的办法就是走出去，连续不断地向教育先进的地方学习，进而解放思想，更新教育理念，尊重教育规律，结合本地区、本校的教育实际，精准定位，找准改革切入点，变革办学策略，逐步突破应试教育的束缚，让教育回归其本质。

4. 启蒙家长，重在教育理念

基础教育面向人人，需要全社会的关心支持。习近平总书记在全国教育大会上强调，办好教育事业，家庭、学校、政府、社会都有责任。必须加快推进协同育人机制改革，增进全社会特别是家长对基础教育的理解，形成合力，共同促进基础教育持续健康发展。要宣传科学的育人观念，密切家校联系，构建更好的家校协同育人机制。

墨子云："染于苍则苍，染于黄则黄……故染不可不慎也。"家庭是每个人生命的摇篮，是人出生后最早接受教育的场所，家长则是每个人的启蒙之师。可以说，家庭教育对人的"熏陶晕染"从出生起便开始。人的语言表达、基本动作以及某些生活习惯等在幼年时代就会基本形成，而且父母与孩子之间的血缘关系和亲缘关系具有天然性和密切性，使得家庭教育在这一阶段以潜移默化的形式在有意和无意、计划和无计划、自觉和不自觉之中进行。这一阶段中，父母对孩子的生活习惯、道德品行、行为方式甚至是谈吐举止等都在不停地给予影响和示范。幼年时期的孩子几乎是一张"白纸"，由启蒙教师——家长为其涂上生命的底色，这层底色将永远不会抹去，深深融入孩子的基因，是其未来发展的基点。正如瑞士心理学家卡尔·荣格说的："一个人毕其一生的努力就是在整合他自童年时代起就已形成的性格。"

从一个人的整个生命历程来看，家庭生活是其最重要的组成部分。人大量的时间生活在家庭之中，家庭中教育的观点、方式和方法，家庭成员的作风、习惯、品德修养，家长的心理品质、心理发展水平和性格特征、价值追求都深深地影响着个人发展。

古今中外，有许多卓有建树的名人由于受到良好的家庭教育而奠定其成就事业的基础。如一生有过 2000 多项发明的大发明家爱迪生，从小爱"打破砂锅问到底"，这得到了作为小学教师的母亲的充分肯定。因为她知道好奇是打开知识宝库的万能钥匙，没有好奇心的孩子成不了大器。所以每当爱迪生问她"为什么"时，妈妈总是微笑着，细心地引导他，把其中的道理讲给他听，这为爱迪生爱研究探索的性格特征奠定了基础。从德国诗人、剧作家歌德，瑞典杰出科学家诺贝尔，俄国"生理学无冕之王"巴甫洛夫，到我国书法家王羲之、王献之父子，"一门三父子"苏洵、苏轼、苏辙，再到一代文学巨星郭沫若、茅盾等，他们的成才都是得益于家庭的早期教育，这些案例无不说明家庭教育的重要意义。

著名教育家苏霍姆林斯基曾把儿童比作一块大理石，他说，把这块大理石塑造成一座雕像需要六位雕塑家：家庭、学校、儿童所在的集体、儿童本人、书籍、偶然出现的因素。家庭因素被列在首位，可见家庭教育对儿童成长和发展的影响是长远和深刻的。

我国重视家庭教育的传统由来已久，古籍《尚书》中就载有古代帝王教育其子弟的文章。几千年来，家庭教育成为我国传统文化的优势资源，修身、齐家、治国、平天下成为家庭教育的核心要义。其逻辑起点是：国之本在家，家之本在身，所以传统的家庭教育立足于每个人的修身。只要能养成好的品德，在家就能尽孝，在国就会尽忠。欲治国先齐家，欲齐家先修身。

我国古代有家书训子的传统。家书并非简单意义上的家信，而往往是家庭教育的一种形式。长辈通过家书，把道德修养、人格风范等传授给子孙。如近代思想家梁启超，留下家书 2000 多封，他通过书信传递对孩子们的情谊，注重他们的知识训练，和他们平等地讨论国家大事、人生哲学。九个子女个个成才，其中三人成为院士：建筑学家梁思成、考古学家梁思永、火箭系统控制专家梁思礼。无独有偶，留有《钱氏家训》的钱学森家族人才辈出，仅钱氏家族杰出的"父子档"就有：钱基博、钱钟书父子，钱玄同、钱三强父子，钱穆、钱逊父子，钱学榘、钱永健父子，令人称奇。《钱氏家训》中有这样一句话："利在一身勿谋也，利在天下者必谋之"，这或许正是钱氏家族巨匠辈出的秘诀。

因此，要进一步做好家长教育，普及家庭教育常识，引导父母当好孩子的第一任老师，促进学生习惯养成、人格塑造。家长应对教育教学活动进行监督评价，通过多种方式参与绩效评价，形成学校、家庭和社会协同育人的有效机制，在参与学校教育工作中达成育人共识，形成家校育人合力，促进育人事业的健康发展。

三、以党建创新促教育教学实践创新

旗帜鲜明加强新时期中小学校党建工作，是深入持续推进基础教育综合改革的必然要求。推进改革离不开党的坚强领导，离不开教育系统各级党组织的政治保证和组织保证。近年来，不少中小学校党组织提出"围绕教学抓党建，抓好党建促教学"的理念，使党建工作真正渗透到教育教学过程中，使教职工切身感受到党建工作对教学工作的引领和促进。旗帜鲜明加强新时期中小学校党建工作，就是要在推进教育改革中充分发挥学校党组织的战斗堡垒作用、党员的先锋模范作用，将党组织的政治优势转化为教学创新的强大动力。

1. 发掘党建创新与学生培养创新的联结点

进入新发展阶段，中小学教育要达成新目标就必须创新，不仅学生培养工作需要创新，中小学校党建工作也需要创新，而且更需要把二者连接起来，通过创新找到党建工作机制与学生培养机制的联结点。

党建工作机制与学生培养机制并不是割裂的，而是紧密联系在一起的。换言之，党建工作与学生培养工作结合的紧密程度，可以当作一个学校党建工作与学生培养工作好坏的重要评价标准。党建工作与学生培养工作是相互促进的关系。面对困境讲创新，不仅需要各自范围内的创新，还需要通过创新找到二者的联结点。总体上看，可以从以下四个方面展开：一是理念和价值目标层面，党员教师要学习教育教学理论知识，坚持现代的教育理念，围绕人的全面提升作为联结点，全面创新党建工作机制与学生培养机制；二是实践层面，围绕教育教学展开，赋予党建工作与学生培养工作不同的定位与使命，发挥二者各自的长处，共同保障教育教学效果；三是制度层面，通过建章立制明确党建工作与学生培养工作的关系，把围绕教学抓党建和以党建促教学的经验固定下来，使二者经常处于良性互动中；四是文化层面，要鼓励创新、乐于创新，时时讲创新，处处有创新，让创新文化成为党组织文化的重要内容。要增强党员个体的创新意识、创新能力，在党组织中形成鼓励创新的文化氛围、接纳创新失败的宽容环境。

2. 鼓励学生进行研究性学习

素质教育的最大特色是突出学生的个性，并加以引导和扶持，使其健康发展。蒙台梭利教育法之所以能影响整个世界的教育体系，是因为蒙台梭利形成了自己革命性的儿童观念。她认为，儿童有一种与生俱来的"内在生命力"，这种生命力是一种积极的、活动的、发展着的存在，它具有无穷无尽的力量。教育的任务就是激发和促进儿童"内在潜力"的发挥，使其按自身规律获得自然的和自由的发展。她主张，儿童不是成人和教师进行灌注的容器；不是可以任意塑造的蜡或泥；不是可以任意雕刻的木块；也不是父母和教师培植的花木或饲养的动物，而是一个具有生命力的、能动的、发展着的活生生的人。教育家、教师和父母应该仔细观察和研究儿童，了解儿童的内心世界，发现"童年的秘密"；热爱儿童，尊重儿童的个性，促进儿童的智力、精神、身体与个性自然发展。

中小学在创新型党组织建设中，要把激发学生的潜能放在重要位置。正确看待当前考试制度与人才培养终极目标的关系，通过考试制度改革、学生评价标准和方式的变革，深化人才培养模式和教学与学习方式的改革，全面激发学生的潜能。特别是要注重发现孩子的"内在潜质"，鼓励学生进行研究性学习。

研究性学习是学生在教师指导下，从自然，社会生活中选择和确定专题进行研究，并在研究过程中发现问题，思考问题，设计方案，主动获取知识，应用知识，通过主体性的探索，研究求得问题的解决，从而体验和了解科学探索过程，养成自主探究、独立思维的意识和习惯，形成和提高创造能力，增长知识，积累和丰富直接经验的学习活动。

研究性学习重在使学生获得亲身参与研究探索的体验，学会分享与合作；培养发现问题和解决问题的能力；收集，分析和利用信息的能力；对社会的责任心和使命感。

3. 找准课程建设创新突破口

课程是学校最重要的产品，是学校的核心竞争力，也是学校实现育人功能和培养目标的重要载体，学生也是通过课程的实施来发展能力、提升素养的。课程对一个学校来讲是生命线，决定着一所学校的品质与特色。课程建设是一项基础工程，更是系统工程，需要全面规划、整体布局、采用全新的思维、迈出更加矫健自如的改革步伐。当前中小学校的课程建设应该有以下两种意识。一是以学生发展为中心的意识。课程是为学生的健康成长与长远发展服务的，要结合学校的育人目标进行课程建设。二是整体规划、分步完善的可持续发展意识。课程建设是一项系统工程，不可能一蹴而就，既包括顶层设计，以及各学科课程的具体建设，又包括课程的实施和评价。

从某种意义上来说，课程是学校的产品，在学校教育中处于核心地位，是学校发展的核心竞争力，教育的目标、价值主要通过课程来体现和实施。当前，不少中小学校在应试教育的大背景下，课程体系单一，大部分学校只开设了中考、高考学科课程，其他课程几乎是空白，即使有也都沦为中考、高考学科课程的调剂，学生天天围着几本教材"死啃"。多少年来，我们呼唤素质教育，倡导全面提升学生素养、发展学生综合能力，然而没有丰富的、有针对性的课程，这一目标永远是空中楼阁。因此，课程建设是学校发展的核心。

我国的基础教育课程体系是由国家课程、地方课程和校本课程三个方面构成的。国家明确规定地方课程和校本课程占总课时数的10%到12%，从国家行政层面对校本课程建设提供了强有力的课程政策保障。从人大附中的发展经验来看，校本课程的建设对激发师生活力起着至关重要的作用。到目前为止，人大附中开设的校本选修课程达150门以上，基本可以满足学生个性化发展的全部需求。在人大附中，每周三和周五的下午，全校学生走出教室去学习自己感兴趣的课程，这些课程多是由在校教师、校外专业人员、校友等主动开设。学校建有完备的校本课程管理体系，人大附中的众多教育教学成果以及学生每年获得的众多国内外大奖，都是从选修课中发展起来的，很多学生甚至在选修课程中找到了自己未来发展的方向。

因此，校本课程应该是基层学校课程建设的突破口，学校应该将校本课程建设作为一项发展战略，重点研究实施。校本课程的建设一方面可以促进教师专业发展，另一面可以挖掘学生潜能，为学生全面发展提供平台，一举两得，事半功倍。如何进行校本课程建设？首先，应该在学校建立校本课程发展机制，形成课程资源开发与利用的土壤；其次，在校本课程建设的初期，结合学生培养目标，重点开发一部分课程进行实践探索；再次，善于利用校外资源，扩大课程资源开发的广度；最后，加强课程管理，建立校本精品课程，促进课程发展。

4. 深化课堂教学改革，让学生在体验中学习

课堂教学质量是学校最核心的竞争力与发展力，而提高课堂教学质量的关键在于教师教育理念的不断更新。教师只有尊重学生的认知规律，才能打造最有生命力的课堂教学。因此，教师要深入了解学生的认知规律，以此为依据进行教学设计，让学生在体验中自主学习。

中小学生好奇心强，喜欢尝试，擅长动手，他们的逻辑思维需要感情经验的直接支持。因此，学生的学习过程其实是他们与书本知识背后的情与理沟通交流的过程。而以学科为本位的传统教学，把生动的、复杂的教学活动囿于固定、狭窄的认知主义的框框中，只注重学生对学科知识的记忆、理解和掌握，而不关注学生在教学活动中的情绪和情感体验。

体验式学习方式是指根据教材学习的需要，在教师的指导下学生参与相应的社会实践活动或者模拟真实的社会实践活动，从中获得丰富的感性认识，加深对理性知识理解的一种学习方式。这种学习方式强调学生的学习要用眼看、用耳听、用脑想、用手操作，即亲身经历，用自己的心灵去感悟，重视学生的直接经验，鼓励学生对教科书的自我解读、自我理解，尊重学生的感受和独特的见解。

那么，如何创设体验式的课堂教学环境？可以从以下三个方面进行尝试。

一是学习材料"生活化"。在课堂教学中，要引导学生用自己的眼睛观察生活，用自己的情感体验生活，用自己的方式研究生活，促进学生与自然、社会的内在整合。如高中思想政治课内容相对而言比较枯燥、抽象，其原因在于理性分析社会和生活的

程度较高，远离了学生的真实生活，更不用说让学生去体验了。如果我们能尽量将学习材料生活化，从学生身边的生活中来选取素材补充到我们的学习内容中去，就会使空洞的哲学原理、经济学理论与学生的实际生活更加贴近，使学习活动更加有趣、生动、容易感受，那么学生就能在学习过程中更多体验到知识的发生过程，在体验中掌握知识，形成技能，同时也使情感、态度、价值观得到滋养和提升。

二是创设情境，引导体验感悟。体验式学习有助于将学习主题与学生的生活实际结合起来，通过师生协作探讨，在情感交流、思维碰撞中体验、感悟，使学生得到熏陶，促进其思维方式的日臻成熟。而引导学生进行体验式学习的首要环节就是通过创设情景，引导学生体验、感悟。在很多课堂教学中，我们都可以通过创设情境启迪学生的思维。

三是组织综合实践活动，引申拓展体验的时空。创造源于实践，体验源于实践，仅仅满足于课堂中模拟的体验还很不够。生活中很多直接的、真切的体验能使学生获得更多的对于实际的真实感受，并使之形成认识，转化为能力。可以让学生查阅资料，也可以进行社会访谈、考察式的活动，即走向社会，丰富社会阅历、生活积累。我们从开放式的话题中捕捉问题，或者从社会热点问题中选择话题作为体验式学习的主题让学生开展实践活动。在实践活动中，学生们无论在知识与技能、过程与方法，还是情感、态度、价值观上都会有极大的收获，真正将知识转化成能力，学以致用。

中小学的课堂教学要做的不应是简单的传授知识，而是激发学生的学习兴趣，使其主动学习、主动钻研。特别是随着信息技术的发展，获取知识的渠道逐渐多元化、简捷化，学生们可以随时得到各类知识，教师不再是知识的"垄断者"。与此同时，随着"微课"等新型教学形式的普及，教师的身份应该逐步转变，由知识传授者转向学生自主学习的激发者。

在深化课堂教学改革的过程中，中小学教师们还要不断地审视课堂教学，反思课堂教学中存在的问题。例如，课堂教学是"表现"还是"思维"？学习是"知识输入"还是"思维产出"？课堂教学是"展示"还是"反馈"？

课堂教学是学校的生命线，课堂教学的水平决定着一个学校的教育水平。因此，每一位中小学教师都要用心、用情、用智参与到课堂教学改革中，让每一个学生在体验中自主学习、快乐学习。

5. 把社团活动作为促进学生能力发展的最佳路径

学生的成长基于三种载体：课程、课堂、社团活动。线下阵地和线上阵地双管齐下，丰富中小学社团生活对学生学习及健康成长十分有益。社团活动可以是文化学习的兴趣延伸，如小作协、英语口语社、数学微积分社等；也可以是专项人才的初训基地，如书法社、街舞社、动漫社等。学生根据自身的需求与潜力，选择适合自己发展的社团。与志趣相投的同学在一起，可以激发他们对某一学科或项目的浓厚兴趣和钻研精神。同时，社团活动使学生的管理能力、组织能力、活动策划等能力都可以得到锻炼与提升，这是学生能力发展的最佳方式。

近年来，在推进创新中，人大附中朝阳学校党总支抓住了四个要点：一是理念创新，寓管理为服务，在提供高水平服务的基础上提升党员的党性修养；二是手段创新，采取互联网等手段提高党员管理服务的便捷性，提高党组织活动的效率；三是制度创新，通过建立科学完备的制度，确保党建各项任务落到实处；四是内容创新，确保各项活动的主题贴近时代、贴近生活、贴近实际。学校从学生实际出发，开展多种形式的社团活动，丰富了学生的课余生活，激发了学生的兴趣，培养了学生的能力，取得了良好的育人效果。

第六章　创建服务型党组织，建设和谐校园

　　面对新形势新任务，基层党组织要转变工作方式、改进工作作风，把服务作为自觉追求和基本职责，通过服务贴近群众、团结群众、引导群众、赢得群众。推进高质量党建引领中小学立德树人，广大中小学必须坚持正确的指导思想，以建设服务型党组织为抓手，切实转变工作方式，改进工作作风，把服务师生和党员作为自觉追求和重要职责，建设和谐校园，在加强服务中推动中小学校形成和谐的办学理念、体制机制、师生关系和环境氛围。

一、创建中小学校服务型党组织

　　"人生天地间，各自有禀赋。为一大事来，做一大事去。"成功源于执着与坚守，庄子讲"美成在久"，《易经》讲"继之者善"，一个"久"字，一个"继"字，道尽了中国文化的精髓。中国共产党的根本宗旨是"全心全意为人民服务"，"服务"是党组织最显著的特征，建设服务型党组织，就是表示我们党始终不忘初心，把"全心全意为人民服务"的根本宗旨坚持到底。中小学校党组织要充分认识服务型党组织建设的重要性，推动党组织在强化服务中更好地发挥组织力和引领力。

1. 明确党组织服务的对象和目标

创建服务型党组织，首先要明确服务的对象，即为谁服务。中小学校的服务型党组织，应该立足于"三个服务"：服务师生、服务群众、服务党员。

从外部关系来说，服务型党组织的服务对象就是人民群众。服务师生和群众，就是自觉践行党的根本宗旨和群众路线，既认真倾听学校师生和群众意见，回应他们的诉求，按照学校师生和群众的需求提供服务，解决他们的实际困难。这种"服务"，是结合党组织所处的工作环境确定的，是为了让服务对象获得更好的工作学习环境，是为了解除服务对象的后顾之忧而进行的服务。一是从教师专业成长的角度出发，帮助教师制定个人发展规划，创造条件鼓励教师参加各类培训和学历进修，组织教师参加教学竞赛、听评课等活动，为教师成长搭建平台。二是在政治上关心教师，思想上关怀教师，工作上帮助教师，生活上照顾教师，营造事业留人、待遇留人、情感留人的温馨环境和气氛。三是围绕学校的中心工作，放下身段，改变党员的工作作风，深入教研一线，深入课堂，参与听课、评课，和师生打成一片，竭尽全力为学生服务。四是定期组织开展教育咨询活动，邀请儿童教育、家庭教育、心理教育、儿童保健等方面专家，联手学校骨干教师组成"咨询团"，就家长关心的教育热点问题及家庭教育中存在的困惑，进行专题讲座和讨论。五是利用"互联网+"建立书记校长网上接待室、班级微信群、家长沙龙、智慧家长俱乐部……依托各种现代化信息手段，构筑起一个个家校沟通平台，为服务家长提供便利。

从党组织和党员的关系角度看，党员是服务型党组织的服务对象，为党员服务是党组织的职责。服务党员，就是尊重党员主体地位，从思想、工作、生活上关心党员，增强党员的归属感、光荣感、责任感，激发党员服务群众的内在动力。当然，党员对党组织的服从要和党组织对党员的服务统一起来，二者是辩证统一的关系。

建设服务型党组织，应达到"六有"目标：一是有坚强有力的领导班子，建设服务意识强、服务作风好、服务水平高的党组织领导班子；二是有本领过硬的骨干队伍，培养带头服务、带领服务、带动服务的党员干部队伍；三是有功能实用的服务场所，建设便捷服务、便利活动、便于议事的综合阵地；四是有形式多样的服务载体，创新贴近基层、贴近实际、贴近群众的工作抓手；五是有健全完善的制度机制，形成规范化、常态化、长效化的工作制度；六是有群众满意的服务业绩，取得群众欢迎、群众受益、群众认可的实际成效。

2. 组建党员教师服务小组

加强服务型党组织建设，要努力打造一支带头服务、带领服务、带动服务的党员干部队伍。中小学校可以根据服务对象的实际需求，组建党员教师服务小组。

创建服务型党组织，并不是只搞一阵子的活动，"三个服务"也不是只喊几句口号，作作秀。服务型党组织的"服务"更多的是涉及群众和党员切身利益的小事、琐事、烦心事。在建设服务型党组织的服务生态圈中，服务是整体性和一体化的概念，是相互促进、相互带动、相互统一的循环闭合圈。一句话，应将服务变成常态。

当然，服务型党组织的服务是在服务中贯穿引领，在引领中落实服务，不是把服务理解为简单的解决问题，也不是理解为单纯的满足要求。此外，党组织要建好服务台账，把具体服务活动都如实地记载下来，包括服务活动的对象、事项及效果，作为阶段性评估与考核的重要依据。

3. 服务型党组织建设的基本原则

中小学校党组织应将加强服务型党组织建设作为践行群众路线的重要工作，坚持服务型党组织建设的基本原则，进一步细化服务措施。

一要围绕立德树人、促进学生全面发展搞好服务，把思想教育与解决实际问题结合起来，搭建师生成长发展平台，引导广大师生讲理想跟党走、爱学习爱劳动爱祖国，培养中国特色社会主义事业合格建设者和可靠接班人。党员教师要善于吸纳创新，推陈出新，总结出一套行之有效的教学方法，在教学中不拘一格，引起学生的强烈共鸣。

二要以服务学校发展、服务师生为工作重心，更好发挥基层党组织的战斗堡垒作用。学校党组织要搞好调查研究，经常性深入教学第一线，深入走访广大教职工、学生及家长，通过座谈会、调查问卷等方式征求民意，摸清实情，了解诉求，并通过民主决策、科学决策和依法决策解决实际问题。在服务过程中，推进学校的教育教学工作。特别是党员教师，要以主人翁的态度主动关心支持党组织的党务工作，并以创新思想、改革精神和科学态度，共同研究新情况，解决新问题，总结新经验。

三要建立党建工作责任制，避免党建工作和业务工作"两张皮"的问题，引入党员代表和群众评议问责机制，切实提高党组织的服务水平和服务效果。

二、服务师生和群众，建立长效机制

新形势下，中小学校党组织要进一步落实服务责任，坚持党建工作服务于教育教学不偏离，把提高教学质量、增强办学综合实力、实现立德树人作为中小学校党建工作的出发点和落脚点，以中小学教育教学改革发展成果检验党组织工作的战斗力。要发扬钉钉子精神，加强统筹协调，不断完善激励考核制度，为基层群众开展工作创造良好环境，推动党建工作重心下沉，以提升服务效能为重点，健全服务机制。

1. 服务教师专业发展

教育的对象是学生，因此，我们的着眼点是学生；而着力点应该是教师，教师资源是教育的第一资源和核心竞争力。我们当前教育水平有限，归根结底是因为师资力量薄弱，学校教师专业能力得不到及时提高，教育理念得不到更新，专业发展动力不足，职业倦怠问题突出。中小学校服务型党组织解决以上问题，需从以下几个方面入手。

第一，搭建校本培训平台，增强教师的专业自主意识。在基层政府保证政策与资金支持的前提下，加大教师培训是必要的措施与策略。可以借助校本培训例会、网络研修平台、教师沙龙、微信公众号等途径和方式，外聘专家进行专业引领，挖掘内部的资源进行同伴交流，激发热情自主研修，形成浓郁的氛围，教师就会伴随着新课程的实施，逐步走向"专业自觉"。同时，大力加强学习型、研究型和创新型的学校文化建设，发挥文化的凝聚和导向作用，这也是促进教师专业成长的重要保证。

第二，搭建能力展示平台，提升专业发展层次。让广大教师展示自己的进步和专长，是有效提升其专业水平的重要策略。学校可以竞赛活动为载体，开展各种教学竞赛，比如优质课比赛、制作课件竞赛、教学设计比赛等，激活教师参加校本教研的内驱力。比赛不是目的，提升能力是关键，因此在举办教师比赛前，可先对教师进行培训，让其在任务驱动下掌握各种技能。校内教师集中的交流展示是非常好的提升教师专业素养的方式，例如在人大附中，每年暑期有集中的教师培训，每年寒假有教师的教学科研年会。在这些活动中，教师一方面可以向专家名师学习，另一方面通过教师实践经验的总结、展示、分享，大家互相学习借鉴，使广大教师的专业能力不断得到提升。

第三，搭建教学研究平台，同伴交流助力成长。学校教研活动是教师专业发展的重要平台，优质的学校，教研活动一定扎实有效。因此，基层学校应该特别重视教师教研活动的开展，学校应该有学科组长引领下的学科教研，还应该有备课组长引领下的备课组教研，教师只有在这种纵横交织的教研体系中，才能对学科发展、学科前沿、学科研究有整体的认知，同时对教材教法、教学实施等教学具体环节有深刻的理解。教师专业素养正是在这种同伴互助合作学习中得到提升。

第四，搭建读书交流平台，营造浓厚学习氛围。现代教师应该是终身学习的典范。而读书，则是终身学习最直接的途径。担负着教书育人重任的教师，更应该热爱读书、认真读书，不断给自己充电，以更新理念、丰富知识、增长智慧。教育主管部门或学校要为教师读书提供更大的支持，积极实施教师读书工程，引导广大教师在科学的教育教学思想引领下，实践先进教学经验，学习成功做法，在读书中理解、感悟、反思、研究、交流，促进理论与实践的结合，促进教师的专业化发展。

第五，搭建外出学习平台，拓展专业提升途径。当前，在教育发达地区，有很多机构会组织各种教育教学的培训。在条件允许的情况下，可以选择优质的培训项目，让教师走出去，呼吸新鲜的空气，开阔视野，以此迅速提升教师专业素养。实践证明，走出去学习是最便捷、最有效地提升教师专业能力的途径。

近年来，人大附中朝阳学校党总支通过落实"三个服务"理念开展党建工作，即服务于中心业务工作，激发学校干部职工干事创业的强大动能；服务群众，了解群众心声，吸纳群众意见，维护好群众的各方面利益诉求，提高党组织的公信力；服务党员，维护党员的各项权益，提高党组织的凝聚力和向心力。各党支部和党员在党总支开展的"走进课堂""走进备课组""走近一线教师"活动中，深入了解基层教育教学工作，"摸实情、办实事、求实效"，建设"服务教育教学、服务师生员工、服务学校发展"的服务型党组织。为了增强党组织的凝聚力，校党总支定期举办"学校生日幸福聚会"，邀请著名艺术家在会上登台献艺，为教师们送去祝福。校党总支牵头组织青年教师开展"喜结良缘牵线搭桥""青年教师读书会""校骨干教师、校优秀青年教师"评优活动，为青年教师成长搭建了平台。每年元旦，校党总支都会组织一场别开生面的"心会跟爱在一起"新年联欢会，营造了全校师生团结一心、齐心协力的和谐氛围。

2. 加强学生心理健康教育

教育是爱的事业，关爱孩子、尊重孩子，就是抓住了教育的本质。习近平总书记说："好老师要用爱培育爱、激发爱、传播爱，通过真情、真心、真诚拉近同学生的踞离，滋润学生心田。好老师应该把自己的温暖和情感倾注到每一个学生身上，用欣赏增强学生的信心，用信任树立学生的自尊，让每一个学生都健康成长，都享受成功的喜悦。"中小学生正值成长过程中，会受到各种环境因素的影响，会遇到各种矛盾和困难，易感受到沉重的负担和压力，致使不少青少年时常出现任性、偏激、冷漠、孤独、自私、嫉妒、自卑等不健康心理行为，甚至发生违法犯罪，严重危害家庭和社会。中小学思想道德建设工作必须加强学生的心理健康教育，而新媒体环境对学生的心理健康发展有着至关重要的影响。新媒体所具有的信息资源丰富、交流快捷便利等特点可以使学生快速便捷地获取需要的信息。同时我们也看到，学生正处在世界观、人生观、价值观形成的重要阶段，其选择信息的能力及是非善恶的辨别能力还有待于进一步提升。网络中各种价值观、信息质量良莠不齐，使学生更容易产生认知偏差。新媒体环境下的学校心理健康教育工作涉及多个领域，因此学校的心理健康教育只有经过理念和模式的创新以及咨询队伍的健全才能为学生心理素质的培养提供专业化服务，从而达到更佳的促进学生身心健康发展的效果。

第一，完善学生心理健康教育体系。"以人为本"的现代教育理念强调尊重每个学生的独立人格，并促进学生的全面发展。要提高对学生心理健康教育的重视程度，切实关注学生心理健康问题，并根据学生身心发展特点和教育规律为学生的心理健康建立牢固的基础。心理问题重在预防，因此中小学校应广泛普及心理健康知识，及时发现并掌握学生的心理动态，及早发现问题并对其进行有效教育和疏导。要制定学生心理健康教育计划，确定相应的教育内容、教育方法。要建立健全心理健康教育和咨询的专门机构，配备足够数量的专兼职心理健康教育教师，积极开展学生心理健康教育和心理咨询辅导，引导学生健康成长。同时，定期开展心理健康教育活动，引导学生树立正确的心理健康理念，从而整体提高学生心理健康水平。

第二，重视和谐校园文化的建设。中小学生正处在世界观、人生观、价值观确立的关键阶段，校园文化犹如阳光空气，成为学生个人成长的重要环境因素。和谐的校园文化环境蕴藏着潜移默化的育人功能，可以调节人的心理，陶冶人的情操，激励人的意志，还能规范人的行为。习近平总书记强调，"要注重文化浸润、感染、熏陶，既要重视显性教育，也要重视潜移默化的隐形教育，实现入芝兰之室久而自芳的效果。"因此，中小学校党组织要将校园文化建设作为重要载体，充分发挥文化育人的重要作用，用文化引领学校育人方向。校园文化具有重要的育人功能，要建设体现社会主义特点、时代特征和学校特色的校园文化，形成优良的校风、教风和学风。要坚持以社会主义核心价值观为引领，结合学校特色，深入挖掘学校文化内涵，孕育形成特色鲜明、广泛认同的校园文化。重视校园文化的意识形态性，将理想信念教育与校园文化建设紧密融合，为在青少年心中埋下理想信念的种子提供文化环境沃土。要善于结合传统节庆日、重大事件和开学典礼、毕业典礼等，开展特色鲜明、吸引力强的主题教育活动，充分利用校园中的墙报、校刊、书籍、广播、学生社团、校园网络等宣传渠道的优势将心理健康教育和校园文化的建设紧密结合起来。要推动进一步丰富校园文化表达，结合青少年的自身年龄特点和成长规律，以多元化的表达展现形式，增加校园文化的互动性、渗透性。

第三，建立健全多元的心理预防和干预机制。班主任、心理教师要加强心理学专业知识学习，帮助学生释疑解惑并及时疏通学生存在的心理障碍、心理冲突、心理困惑以及其他心理问题。可以结合学生实际，广泛深入开展谈心活动，有针对性地帮助中小学生处理好学习、交友、生活等方面的具体问题，提高其思想认识和精神境界。根据学生的身心发展特点和教育规律，注重培养学生良好的心理品质和自尊、自爱、自律、自强的优良品格，增强学生克服困难、经受考验、承受挫折的能力。

第四，重视运用网络技术开展心理疏导。由于网络对话具有自主性、平等性、隐匿性等特点，使心理健康教育的对象能够公平、民主地通过网络与工作主体进行交流，减少心理健康教育工作面对面交流的负面影响。网上心理咨询室、网上热线以及电子信箱的开通使用，既有利于提高心理健康教育工作者的服务意识，更重要的是可以切实帮助学生解决一些日常没有暴露出来的问题，尊重了学生的隐私权，增加了教育对象对教育主体的信任。

3. 维护校园安全稳定

努力为师生员工创造和谐稳定的学习、生活和工作环境，是建设和谐校园的现实需要。中小学校服务型党组织要充分发挥学校群团组织、学生社团以及学生党员骨干力量在维护安全稳定中的重要作用，形成共同关心、共同参与的良好局面。一要加强师生安全教育和法治教育，提高师生守法自律意识，有效预防违法违纪行为。二要加强校园日常安全管理，加强学校保卫工作队伍建设，完善应急管理工作体系和消防、监控、报警装置配备，加强食品、药品和危险品管理，防止疾病传染和饮食、交通安全等意外事故发生。三要建立健全利益协调、诉求表达、矛盾调处和权益保障机制，做好信访工作，把矛盾化解在基层、解决在萌芽状态。四要突出整治重点，加强对学校周边的文化、娱乐、商业经营活动的管理，坚决取缔干扰学校正常教学、生活秩序的经营性娱乐活动场所。

4. 开展服务群众的志愿活动

中小学校党组织要始终保持同人民群众的血肉联系，立足实现好、维护好、发展好广大人民群众的根本利益，拓展党员联系群众的途径，丰富服务群众的内容，畅通群众意愿表达的渠道，努力构建党员联系群众和服务群众网络，为党的建设获得最广泛最可靠最牢固的群众基础和力量源泉。

在实践中，中小学校党组织可以把服务学校的触角延伸到社区，党、团员教师志愿者深入社区参加义工活动，捐出特殊党费看望慰问社区贫困户家庭，组织少先队志愿者到敬老院为孤寡老人打扫卫生、表演节目，和老人一起过元宵、过中秋等。在服务奉献的过程中，增强师生的幸福感、获得感。可以深化"三亮三比三评"（亮身份、亮承诺、亮标准，比技能、比业绩、比作风，自评、群众评、领导评）服务机制，组织党员教师在校外开展内容丰富的志愿服务活动，不断提高群众对党组织和党员服务质量的满意度。

5. 健全长效服务机制

不断推进服务型基层党组织建设，使之长期化、常态化，关键在于以服务为最根本导向，健全完善科学规范、完整配套、务实管用的长效机制。

一是落实党员干部联系和服务师生员工制度，想师生之所想，急师生之所急，做师生之所需，不断改善师生的工作、科研、学习、生活条件，努力为师生员工办实事、办好事。党员可以定期走访学校的贫困学生、寄宿制学生、农民工子女和单亲家庭的学生，关心他们的学习和生活，帮助他们解决学习和生活上遇到的一些困难。党员还可以组成"一帮一"服务队，实现对需要帮助的中小学学生的精准帮扶，充分发挥中小学校党员的先锋模范和带头作用。

二是定期召开由学校老师、家长和社会人士组成的代表座谈会，让家长和社会人士对学校管理等各项工作提出意见和建议，落实好党组织服务群众的相关工作。

三是积极推行党员服务群众承诺制，健全和完善党内表彰制度，对成绩突出、承诺制完成好的党员进行表彰，促使党员在服务群众中团结和凝聚群众。

四是不断创新服务载体，运用多种形式和手段开展服务。依托党组织活动场所，丰富活动载体，推广结对帮扶、一站式服务、创先争优、网络服务等做法，为开展服务创造条件。

五是强化典型带动。善于发现和培育典型，充分发挥先进典型在建设基层服务型党组织中的引领带动作用。充分运用各类媒体，形成良好舆论导向，积聚推动服务型党组织建设的正能量。

三、服务党员，打造党员温暖工程

中小学党内激励、关怀、帮扶机制体现的是一种以师生员工党员为主体的基层党组织制度运作要求。建立健全党内激励、关怀与帮扶机制，是调动中广大小学党员教师、学生的积极性、主动性、创造性，更好地激发党内活力的必然要求，是进一步推进中小学党内制度建设，完善党内规章制度的现实需要，是发挥中小学党员教师的主体作用的题中应有之义。学校党组织应在加强党员教育管理的基础上，增强对党员的服务意识，注意倾听党员师生心声，掌握思想动态，了解其工作生活中出现的困难，及时解决党员队伍中出现的一些问题。

1. 健全党内激励机制

充分发挥党员的先锋模范作用。坚持奖惩并举，是我们党增强凝聚力和战斗力的必然要求。一方面，加强精神激励。要在平时大力挖掘和培育优秀党员，对那些在平凡教学岗位、学习生活上无私奉献的基层党员，尤其是对那些在突发事件中英勇无畏、表现出色的党员，要及时予以表彰，使其在精神上有归属感、工作上有使命感、政治上有荣誉感。还可通过公开选拔干部、挂职锻炼、组织调学等形式促进广大党员更新知识，开拓视野，提高专业知识水平和业务能力。另一方面，加强物质激励。可结合日常考勤、年度考核、综合考核等对党员实行绩效考评，对于工作突出、成绩优异的党员给予物质奖励，把组织职责与个人利益挂起钩来。

2. 健全党内关怀机制

中小学校党组织要坚持以人为本，从政治、思想、学习和生活上关心爱护党员。一要通过落实领导干部联系点、基层走亲连心、校领导住校、"进课堂进公寓"等，不断完善领导干部、党组织负责人联系党员制度，经常进行谈心谈话，及时了解他们的思想动态和意见建议，帮助党员解决存在的实际困难。二要积极实施党员人才工程，可根据党员所需、党组织所能，研究制订党员人才培养计划，通过多种形式提升党员的学习、工作能力水平，促进党员的专业和职业发展，努力把党员培养成人才骨干。三要把党内关爱工作开展情况，纳入党组织工作的重要内容，加强定期分析研判，积极探索关怀帮扶的有效途径和方法，注重研究解决问题，推动实现党内关怀精细化、点对点、有实效。

3. 健全党内帮扶机制

中小学校党组织要广泛开展结对帮扶等活动，帮助解决党员在学习、工作、生活等方面的实际困难，努力增强党组织的凝聚力和党员的归属感。一要建立健全困难党员帮扶制度。利用社会资金和校内奖励，设立困难党员帮扶基金，对长期困难和遇到突发情况的党员进行帮助，让他们时刻感受到党的温暖，感受到党组织在任何时候都没有忘记他们。二要建立专人联系老党员制度。通过电话联系和上门走访相结合，及时了解老党员思想和生活情况，了解老党员的需求，为他们提供力所能及的帮助，给予更多关心照顾。三要建立健全走访慰问制度。党组织应完善走访慰问制度，建立"四必访"制度，即党员重大生病、住院必访；党员教师学生评课不及格时必访；流动党员外出返家时必访；新入校学生党员必访，确保困难党员、老党员始终处在组织的关爱之中。四要开展好党员结对帮扶活动，对困难党员要确定帮扶对象，制定帮扶措施，落实帮扶责任。

总之，建立和完善党内激励、关怀、帮扶机制是一项系统工程，有利于弘扬党内互帮互助的优良传统，营造出全党同心协力的氛围。中小学校党组织要在这方面积极创新，以形成上级党组织为基层党组织服务，基层党组织为党员服务，基层党组织和党员为群众服务的生动局面。

第七章　创建枢纽型党组织，带好团建和队建

在中小学校的组织体系中，党组织居于核心地位，发挥着"枢纽"作用。中国共产主义青年团是中国共产党领导的先进青年的群团组织，是广大青年在实践中学习中国特色社会主义和共产主义的学校，是党的助手和后备军。共青团的地方各级组织受同级党的委员会领导，同时受共青团上级组织领导。少先队是中国少年先锋队的简称，是中国共产党创立的革命儿童组织，是少年儿童学习共产主义的地方，是建设社会主义和共产主义的预备队。推进高质量党建引领中小学立德树人，就要创建枢纽型党组织，以党建带团建、队建，从生活中启发青少年学生志愿加入中国少年先锋队和中国共产主义青年团，进而帮助青少年树立远大理想，实现全员、全过程、全方位育人。

一、党建带团建、促少先队建设的创新思路

党建带团建、促少先队建设是进一步加强和改善党对青少年工作领导的时代需求。在加强党的建设的同时加强团的建设、少先队的建设，不断增强团组织和少先队的吸引力、凝聚力和战斗力，对于共青团和少先队更好地当好党的助手和后备军，具有重要的现实意义和深远的历史意义。

1. 党建带团建、促少先队建设的重大意义

中小学的团建与少先队建设工作意义重大、深远，关系着中国特色社会主义事业建设者和接班人思想素质的提升。新时代，共青团和少先队要紧跟党走在时代前列，紧紧围绕党和国家工作大局找准工作切入点、结合点、着力点，团结带领广大青少年在实现中华民族伟大复兴的征途中续写新的光荣。

一方面，共青团与少先队是教育青少年爱党爱国的大学校。每个人的生活都是由一件件小事组成的，养小德才能成大德。青少年时期，不仅是一个人身体成长定型的关键时期，也是思想趋于成熟的关键时期。青少年时期的学生，思想上还是一张白纸，可能画出最新最美的图画，也可能被涂鸦成一团乱麻。少先队与共青团致力于把广大少年儿童团结好、教育好、带领好，能引导学生爱党爱国，为共产主义而学习、奋斗，努力成长为合格的社会主义建设者和接班人。共青团和少先队要做好青少年思想引导工作，增强吸引力和凝聚力，必须站在坚定理想信念这个制高点上。新形势下，共青团、少先队要以思想引导、培养正确的价值观为重点，服务和促进青少年的自由全面发展。研究新时代青少年的新特点、新需求，努力把党的关心关爱落到孩子心坎儿上。遵循青少年思想成长规律，掌握现代教育理念和方法，用好新的技术手段和文化载体，使广大青少年真正了解"四史"，有触动、受教育，逐渐培养强烈的爱党爱国爱社会主义的热情，将自己的理想与党和国家的运命紧紧联系在一起。

另一方面，共青团与少先队是帮助青少年养成良好政治素质的大熔炉。在中小学校，少先队和共青团是中小学生社会化最基本的社团，在这两大政治社团里开展的各项活动，都蕴涵着巨大的正能

量，能够充分挖掘学生的潜能，帮助其养成良好的政治素质。

习近平总书记强调，少年儿童是祖国的未来，是中华民族的希望。这就是《少年中国说》中所说的：少年智则国智，少年富则国富，少年强则国强，少年进步则国进步。新陈代谢是不可抗拒的历史规律，未来总是由今天的少年儿童开创的。因此，必须重新认识中小学团建和少先队建设的重大意义，充分发挥这两大组织在促进中小学生健康成长过程中的重要作用。

2. 找准中小学团建、少先队建设的工作对象

共青团和少先队的政治责任就是巩固和扩大党执政的青少年基础。这就要求我们要善于和团员、少先队员打成一片。中小学因其教育学习阶段不同，其团建、少先队工作的重心也各有侧重。

《中国共产主义青年团章程》第一章第一条规定："年龄在14周岁以上，28周岁以下的中国青年，承认团的章程，愿意参加团的一个组织并在其中积极工作、执行团的决议和按期交纳团费的，可以申请加入中国共产主义青年团。团员年满28周岁，没有担任团内职务，应该办理离团手续。团员加入共产党后仍然保留团籍，年满28周岁，没有在团内担任职务，就不再保留团籍。"根据年龄和政治这两个条件，特别是年龄条件，就大致可以明确中学和小学团建工作对象。

少先队建设的工作重心在小学。一般来看，小学生处于6—12岁的年龄段，为少先队发展对象。或者说少先队的工作对象，就是把适龄儿童凝聚在少年先锋队的队旗下。但是这并不等于小学里没有团建工作，小学里教职员工中28岁以内的青年，都是团建工作的对象。

共青团建设的工作重心在中学。中学生的年龄区间一般在12—18岁左右。按照共青团团员的年龄要求，意味着进入中学的学生，开始成为团组织关注培养的对象。也就是说，中学阶段，团建工作的重点是学生，也包括还未满28周岁的年轻教职员工。在中学，团建工作重心又因对象不同而有所侧重。在学生中，团建工作重点是培养、发展新团员；在教职员工中，则是重点做好对教职员工团员的推优入党工作——把优秀的团员推送到党组织。

这里要特别强调的一点是，中学初中阶段的一二年级学生，仍然处于少先队要求的年龄阶段。或者说，进入了中学阶段的少先队员，已经离开了小学阶段所在学校的少先队组织，进入新学校，并不等于退出了少先队组织，应该有新的少先队组织容纳他们，并组织他们开展少先队活动。

3. 确立"党建带团建、促少先队建设"的工作思路

中小学校党建带团建、促少先队建设工作，是发挥学校团、队组织生力军作用的根本保证，是确保学校团、队建设工作政治方向的重要举措。

一是党建带团建。学校的党建带团建工作，是发挥学校共青团、队组织生力军作用的根本保证，是确保学校团建工作政治方向的重要举措。要通过党建带团建，规范学校团组织建设，加强学校团干部和少先队辅导员队伍建设，重视对团干部和少先队辅导员的选拔、培养和使用，推荐优秀青年教师做共青团和少先队的工作。

二是团建带队建，重视加强和改进少先队工作，履行"全团带队"职责，建立健全各级少先队工作委员会，完善志愿辅导员

制度，积极支持少先队开展活动，探索组织一体化、活动多元化、方法创新化、管理精细化，努力形成团建带队建的和谐工作机制。

在"党建带团建、团建带队建"的实践中，必须坚持德育为首，提高团建、少先队建设德育工作的针对性和实效性。由管理为主转化为教育为主，把教育放到突出的位置。要顺应中小学德育工作和共青团、少先队工作改革形势，培训和优化德育队伍，更新观念，从思想上和行动上认真贯彻落实《中小学德育工作指南》，强化教育引导、实践养成、制度保障的机制，充分发挥课程的德育功能，将德育工作内容细化到各学科课程的德育目标中。通过"党建带团建、团建带队建"，努力达到"两个一样"的目标：学生的行为在校内校外一个样，学生毕业前与毕业后一个样。

二、建立健全"党建带团建"工作机制

党章明确指出，共青团组织是党组织的助手和后备军。共青团要当好助手和后备军，就必须借力党组织，发挥好共青团组织动员优势，激发团组织活力。中小学校党组织要建立健全"党建带团建"工作机制，支持共青团组织更好地发挥桥梁和助手的作用。党建带团建，是改革开放以来在基层党组织建设中探索总结的成功经验。党的十八大以来，习近平总书记围绕党的群团工作发表了一系列重要论述，深刻阐明了加强党对共青团工作领导的重大理论和实践问题，深刻回答了新时代培养什么样的青年、怎样培养青年，建设什么样的共青团、怎样建设共青团等方向性、全局性、战略性重大课题，把我们党对青年工作的规律性认识提升到了新的高度，为做好新时代党的青年工作指明了前进方向、提供了根本遵循。

1. 完善党建带团建的制度保障

"党有号召，团有行动"，共青团是党的助手和后备军，党旗所指就是团旗所向，新时代青年要高举团旗紧跟党走，开展的各项工作必须坚持党的领导这个根本，必须坚持中国特色社会主义的共同理想，必须坚持融入中心、服务大局这条主线，必须坚持引领青年、服务青年这个宗旨。在实践中，广大中小学校要不断完善"党建带团建"工作机制，切实增强党建带团建工作的实效。

第一，建立"党建带团建"工作目标责任制度。把团建工作纳入党建工作的总体规划，制定具体的实施方案和阶段性的工作目标，层层签订责任书，统筹工作的落实推进，实现团的思想教育工作同党的思想教育工作相衔接、基层团组织的阵地建设与基层党组织的阵地建设相衔接、团建与党建的目标管理体系相衔接，把目标责任制真正落实到两级党、团组织。

第二，建立"党建带团建"工作领导协调机制。建立领导协调机制，统一协调处理以党、团建设为重点的基层组织建设中的有关问题。定期召开协调会议，制定工作规划，掌握工作动态，确定工作重点，安排部署工作，总结交流经验，解决突出问题。

第三，建立"党建带团建"工作联系点制度。党组织、团组织建立"党建带团建"工作联系点，解决具体问题。对团建工作提出有针对性的指导意见，并认真组织实施。

第四，建立"党建带团建"工作考核制度。把党组织、团组织加强"党建带团建"工作作为考核党、团领导班子实绩的内容，加大力度进行督促检查，培养和挖掘"党建带团建"工作典型，发挥其示范引导作用；对"党建带团建"工作重视不够、工作不力的责令整改。

党建带团建、团建促党建的关键在"带"，着力点在"促"。近年来，为确保党建带团建取得实效，许多中小学建立健全的党团建设的"四同步"——党团教育同步进行、党团队伍同步管理、党团活动同步开展、党团制度同步健全的工作机制，值得参考借鉴。此外，在健全党团联系例会制度方面，一些中小学校党组织每学期召集一次会议，分别对团委工作提出总体目标，帮助解决具体困难，总结评价团建工作得失。一些学校党组织在师生中广泛开展民主评议考核团建工作，设立了"校长信箱""校党组织信箱"，广泛收集群众对团员干部的意见，收到了比较好的成效。

2. 拓展"党建带团建"工作空间

党建带团建，坚持从思想上"带"，注重政治引领。团组织任何时候、任何情况下都必须把自己置于党的领导之下，切实保持工作的政治性，增强"四个意识"、坚定"四个自信"、做到"两个维护"，始终站在理想信念的制高点上感召青年、凝聚青年。要严守政治纪律和政治规矩，经得住各种风浪考验，在大是大非问题面前立场坚定、旗帜鲜明，在关键时刻敢于冲锋陷阵、发声亮剑。

党建带团建，坚持从组织上"带"，注重固本强基。各级团组织要向同级党组织主动汇报、主动跟进、主动作为，党组织要定期听取共青团工作汇报，帮助其提出问题和对策，给予充分的指导和引导，把党的要求贯彻落实到团的建设之中，使团的建设纳入党的建设总体规划中。团组织工作要坚持抓基层、强基本、打基础，把基层团组织建设成为贯彻上级团组织部署、增强团组织凝聚力和战斗力的主要参与者、推动者。

党建带团建，坚持从工作上"带"，注重围绕中心。共青团素有"党有号召、团有行动"的光荣传统，团组织要紧跟党走在时代前列、走在青年前列，为党和国家中心工作大局服务。中小学校党组织要发挥主导作用，大力支持团组织参与学校相关工作，按照有关规定，把更多的事务交给团组织。赋予相应职责，提供必要的经费保障，并加强监督管理，不断完善和提高团组织服务群众、服务社会的手段和能力。针对共青团工作中遇到的问题、难度着力探讨、推动、解决，做到团建纳入党建一体化考核的标准，确保党团组织的同评比、同考核、同发展，党建带团建、团建促党建工作取得扎扎实实的成效。积极扶持团组织开展社会化服务，整合社会资源，拓展服务领域，创建服务品牌，提高工作水平。

党建带团建，坚持从活动上"带"，注重教育青年。作为党在学校的重要助手，团委要紧紧围绕学校中心工作，扎实开展一系列主题团队活动，努力营造健康、高雅、活泼的校园氛围，在实践中也锻炼自身能力，把"爱党爱国爱人民"根植于广大学生心灵。要根据不同时期的学校中心任务，组织学生开展一些富有教育意义的活动，让学生在这些活动中获得教益、获得成长。比如，在离中小学校较近的革命烈士纪念碑、纪念馆、革命老区，设立学生德育训练基地。再如，结合传统的"学雷锋活动"开展学雷锋社区服务活动，深入临近的福利院、养老院、儿童院等做服务性工作；开展对学校内贫困学生的爱心扶助，发动学生把自己的部分零花钱以及富余的学习文具和衣物捐出来，扶持贫困学生，在学校形成"一方有难，八方支援"的良好风气；开展"我为学校添光彩"活动，组织学生参与绿化、美化校园；以"扬友爱互助之风，树文明规范之貌"为主题，通过黑板报、宣传栏等形式，加强学生的文明礼仪教育；依托学校艺术团、文学社、校园广播站、英语角等多个学生社团，积极开展文艺、体育和学习竞赛等活动，促进学生全面发展。

3. 创新团建工作载体

中小学的团建，必须紧紧依靠党建优势，发扬"党有号召，团有行动"的优良传统，立足学习、锻炼、奉献的岗位，多作贡献，使团委真正成为党组织信赖，团员青年欢迎的有生命力的组织并充分发挥聪明才智。

推动中小学团的基层组织建设和基层工作，首先要完成的是团的组织覆盖问题。团的力量来自于组织。要按照"青年在哪里、团的组织就建在哪里"的要求，积极适应青年聚集、分布和交流方式的变化，优先在青年聚集的地方建立团的组织。要强化有效覆盖的工作理念，把组织覆盖与工作覆盖有机结合起来，切实做到互为促进、融合推进。

共青团作为党领导的先进青年的群团组织，是党的助手和后备军、党联系青年群众的桥梁和纽带。因此，共青团不论在什么时候，都要把握住根本性问题，把培养中国特色社会主义事业建设者和接班人作为根本任务，把巩固和扩大党执政的青年群众基础作为政治责任，把围绕中心、服务大局作为工作主线。一方面，加强团组织思想政治建设。校团委积极完善团活动载体，以强化对团员青年的思想引领工作。例如，以建国、建党、建团、校庆等重大活动和重要时期为契机，大力开展主题教育活动。通过团日活动、团课、报告会等形式多样的活动，加强对团员青年的思想政治教育。近年来，一些学校在基层团支部广泛开展的"我与祖国共奋进""永远跟党走，争做新一代"和"责任与诚信"等主题教育活动，巩固了增强团员意识的长效机制。另一方面，加强团组织基层组织建设。根据社会经济结构和群体分布变化，积极探索团组织建设的有效途径和方式方法，不断扩大团的组织覆盖、工作覆盖和活动覆盖，努力构建组织健全、工作活跃、作用显著的团组织体系和工作体系。

总之，创新团建工作载体，要立足实际，探索团组织工作新途径，把工作创新和本校的实际结合起来，找到工作切入点，不断增强团组织的生机与活力。要围绕团的根本任务、政治责任、工作主线开展工作，以是否把青年群众最广泛最紧密地团结在党的周围作为衡量工作好坏的根本标准。

4. 加强中小学团组织的自身建设

以改革创新精神推进团的自身建设是实现共青团事业可持续发展的不竭动力，也为"党建带团建"工作提供了不竭动力。

加强中小学团组织的自身建设，关键是要高举理想信念的旗帜。理想信念是我们不断战胜困难、从胜利走向胜利的强大精神支柱。没有理想信念，就会迷失前进方向，就会失去奋斗动力。共青团要做好青年思想引导工作、增强吸引力和凝聚力，必须站在理想信念这个制高点上。帮助广大青年确立正确的理想、坚定的信念，是团组织的首要任务。只有抓好这项工作，才真正抓到了根本上。

加强中小学校团组织的自身建设，必须建立一支坚强的团干部队伍。团的干部队伍是党的干部队伍中的重要组成部分。一支坚强的团干部队伍，也是团的事业健康发展的有力保证。党的十八大以来，习近平总书记就加强群团干部培养管理、提高群团干部队伍整体素质作了强调，对群团干部加强思想道德修养、坚定理想信念、严格要求自己等提出了明确要求。中小学校党组织要把团干部的培养、选拔、交流和使用纳入干部工作的总体规划，按照德才兼备原则，把政治素质好、群众公认、热心群团工作、善于做群团工作的优秀干部充实到群团组织领导岗位上来。共青团要坚持团要管团、从严治团，从严培养管理团干部，教育引导团干部严格对照好干部"二十字"标准要求自己，努力做到坚定理想信念、心系广大青年、提高工作能力、锤炼优良作风。要针对团干部专业知识不足、缺乏工作经验和工作压力大，兼职做团工作没有时间等问题，制定优秀青年发展规划，让优秀青年和团队干部入党提干，成为骨干教师、学科带头人和学校管理干部。团干部要深深植根青年、充分依靠青年、一切为了青年，深入青年之中，倾听青年呼声，把青年安危冷暖挂在心上，发挥组织优势，调动社会资源，千方百计为青年排忧解难，努力增强党对青年的凝聚力和青年对党的向心力。

加强中小学校团组织的自身建设，必须加强团干部的培训工作，有效提升团干部能力水平。打造一支素质能力过硬的团干部队伍，是适应新时代团工作的现实要求。要进一步强化团干部对习近平总书记关于青少年和共青团工作重要思想的学习，不断提升团干部思想政治水平和理论武装，让每一名团干部坚守党的初心和使命。要积极创造机会，为学校团干部提供更多及时有效的团业务培训机会，不断提升其能力水平。要开设有针对性的课程进行培训，在教育内容设置上，由浅入深、循序渐进，贴近团员青年的学习和生活实际。结合国际热点、社会热点问题和团员青年专业发展的问题进行有针对性的专题报告，注重对青年团员的实践教育、体验教育和学员的自主参与。

加强中小学团组织的自身建设，要建立健全党团网上帮扶机制。建立思想、生活、心理、学习、工作、择友等各方面的网上党团帮扶机制，满足青年教师团员各方面的需求，有助于党、团组织针对青年的社会兴趣和自我发展目标，形成打破行政框架和地域限制的党建带团建模式，从而提高党、团组织凝聚和服务青年的活力和效率。

加强团组织干部队伍建设，要努力完善推优入党机制。推荐优秀团员作党的发展对象，实际上是为党输入新鲜血液，保持党的生机与活力。团组织要主动做好工作，努力使"推优"工作的各个环节与发展青年党员工作相衔接，源源不断地把那些符合党员条件的优秀团员输送到党员队伍中去。要重视入党积极分子的培养和推优工作，规范推优入党程序，按标准、及时、准确"推优"，并通过开设培训班、参加理论学习班等途径引导入党积极分子端正入党动机、坚定永远跟党走的理想信念。

三、抓好少先队建设

少先队是建设社会主义和共产主义的预备队。少先队的建设直接影响少先队员的成长，关系到党和国家的未来。党的十八大以来，以习近平同志为核心的党中央高度关心重视少年儿童和少先队工作，习近平总书记多次出席少年儿童的活动，发表重要讲话，作出重要指示，对少年儿童健康成长和少先队工作提出希望、指明方向，为推进少先队改革提供了根本遵循。为进一步规范少先队组织工作，提高少先队组织建设科学化水平，2017年2月22日全国少工委正式印发《少先队改革方案》。2018年1月22日，共青团中央、教育部、全国少工委联合制定了《中国少年先锋队组织工作条例（试行）》，为新时代少先队阵地建设工作指引了方向。新形势下，我们要深刻把握基础教育改革发展的新形势，切实发挥少先队在立德树人中的作用，将少先队工作纳入中小学校党建工作内容，发挥少先队的独特优势。要密切团教协作，扎实推进少先队改革，完善抓改革任务落实的工作机制，建立少先队表彰激励机制、少先队辅导员专业化培养机制，落实少先队条件保障机制，助力少年儿童成为理想远大、信念坚定、勤奋学习、勇于创新、品德优良的新一代。

1. 营造少先队工作发展良好环境

少年儿童是祖国的未来与民族的希望。中小学校党组织要努力促进少先队工作的协调发展，努力营造利于少年儿童成长、进步、发展的良好环境。

一是"责任"驱动。中小学校要重视少先队工作，不仅要将工作责任到人，更重要的是应让每一位辅导员明确职责，以崇高的责任感，全身心地投入到工作中去。有责任心，才会积极参与、敢于创新。强烈的责任感，才会迸发出努力进取的工作热情。少先队工作者、辅导员老师要站在红色江山后续有人、中国特色社会主义事业兴旺发达的战略高度，切实增强做好新时代少先队工作的责任感和使命感，聚焦主责主业，更好发挥少先队在立德树人中的独特作用。

二是完备机制多元协作。学校可建构由"党、政、工、团、队、学科"组成的少先队工作小组，校长应担任组长，副校长主管，少先队辅导员、工会主席，团支部书记、各学科组长等共同参与。学校定期召开工作会议，针对工作特色和队员实际，研讨阶段性问题，规划好少先队学年总目标和阶段性工作目标，制定好少先队工作计划，使少先队工作目标能有效落实。

三是加强培训提高水平。学校应重视提高辅导员的理论水平，组织辅导员进行集中培训、外出培训、远程研修等，拓宽辅导员的视野，提高队伍政治素质和业务水平。少先队工作者、辅导员老师要加强学习，钻研业务，熟悉了解少年儿童的身心特点和成长规律，熟练掌握少先队工作的方向主题、地位作用、主要任务、基本方法，真正做到知全局、精业务、懂本行。

四是学科教学融会贯通。可以把学校教学工作与少先队工作有机结合，提倡"让队活动走进课堂，让学科融入少先队活动"的互动相融的教育，要求各科各辅导员充分将少先队的优势与当前新课程改革相结合，使学科教育和少先队教育互相促进，相得益彰。

五是"三位一体"全员参与。学校应牵头构建家庭、学校、社会教育"三位一体"的全员教育体系，借助社会各种资源，聘请热心少先队教育的街道领导、辖区民警、居委会干部和家长代表，组成"三结合"少先队工作委员会。定期召开"三结合"委员会议，加强沟通协调，一起参与少先队管理，并策划实施校内外各种体验教育活动。除了通过系统化的课程教育内容培养队员素养，还必须把他们推到"活动设计者"的位置上，让队员在参与设计活动方案，自编、自导、自演的过程中强化自主能力训练。

六是巩固中小学少先队组织基础。完善中小学校少先队基本组织制度，规范基础队务，加强学校少先队标准化建设。加强团委对少先队工作的领导，建立中学团干部、优秀教师兼任少先队辅导员制度，以团前教育、推优入团、"团队一体化"为重点开展工作。完善推优入团制度，规范推优入团标准及程序，推荐优秀少先队员作为团的发展对象。

七是推动将少先队改革纳入地方群团改革总体安排，研究制定少先队改革措施。推动将少先队工作纳入各级党委听取团组织工作汇报、研究青少年工作的专题会议和党政青少年事务联席会议等制度安排。加强全团带队工作，加强各级团组织对少先队工作的具体领导，建立完善共青团各战线和团属单位、媒体在工作力量、资源、项目上支持少先队工作的机制。

2. 抓好辅导员队伍建设

少先队辅导员是少先队工作中重要的力量，是少年儿童校内外教育工作队伍的重要组成部分，是少先队员亲密的朋友和指导者，在促进少年儿童全面发展、健康成长，团结、教育、引导广大少先队员做共产主义事业接班人等方面发挥着关键作用。加强少先队辅导员队伍建设，是推进素质教育、加强未成年人思想道德建设的重要举措。

近年来，随着适龄入学儿童与中小学校数量不断增加，辅导员队伍也进一步壮大。但不少中小学校在大队辅导员工作量折算、荣誉认定、职称评聘方面仍缺乏规范统一的标准，一定程度上影响辅导员的工作积极性与少先队事业的专业化发展。一是职称评聘亟待规范。没有科学、合理地设置与中小学教师水平评价标准的专业技术职务（岗位）接近的评聘条件，导致在具体执行层面各学校将少先队工作量纳入职称评聘范畴情况不一。二是业绩认定亟待加强。一方面，少先队的工作经历、工作业绩没有充分纳入学校领导干部选拔任用评价范畴，导致辅导员职务晋升与职业发展存在一定局限性。例如，许多地方教师的履职评价体系中，对名师的界定仅包含名校长、名教师、名班主任等，不纳入辅导员。少先队荣誉表彰没有充分运用到人才引进评价体系中，导致部分优秀辅导员无法通过选聘获得编制，一定程度上挫伤了辅导员的工作积极性。新形势下，抓好中小学少先队辅导员建设，要着重抓好以下几个问题：

一是建设高素质少先队辅导员和工作者队伍。构建"专业辅导员+志愿辅导员"的基本工作队伍。建立市、区、学校等各级少先队总辅导员和中小学少先队辅导员队伍体系。要配齐配强各级少先队总辅导员，加强少先队总辅导员队伍建设并保持相对稳定，确保事有人干、责有人负。中小学校按照德育主任层级配备大队辅导员，规模较大或集团化办学的学校应当设立副大队辅导员岗位。大力选拔优秀中青年教师担任中队辅导员，规模较大的学校可探索配备少先队活动课专任教师。

二是锤炼少先队辅导员政治素质。突出政治要求，明确岗位职责，严格配备标准，完善任职程序，健全少先队辅导员准入和退出机制。强化政治培训，研究制定少先队辅导员教育培训规划，将习近平新时代中国特色社会主义思想作为各级少先队辅导员教育培训的核心内容，不断提升少先队辅导员的政治能力。

三是教育与人力资源部门应贯彻执行现有政策制度，按照《关于加强新时代少先队辅导员队伍建设的意见》，做好落实政治待遇、加强考核评价、完善基本保障、建立激励体系方面工作，加强考核激励、提升辅导员工作积极性。可以由教育部门牵头，将辅导员队伍建设纳入现有教师管理制度体系中。任职资格方面，建立上级团、队组织与教育行政部门共同考察聘任学校大队辅导员的制度。

四是教育与人力资源部门应重点瞄准大队辅导员职称评聘中存在的问题，参照现行中小学教师水平评价标准，在确保对大队辅导员工作年限予以认定的基础上，进一步要求学校将少先队工作量与工作业绩纳入职称评审范畴，合理制定大队辅导员工作量与教学课时之间的折算标准，适当提高少先队工作在教师职称评聘中的权重。

五是创新少先队辅导员评价和激励机制。改革完善少先队辅导员评价机制，突出少先队活动效果和育人实效，拓宽教育成果和研究成果认定范畴。完善少先队辅导员职称评聘标准和办法，加大对辅导员参评职称的支持力度。开展骨干辅导员、辅导员带头人、特级辅导员称号等级评定。将符合条件的少先队辅导员作为各级总辅导员、少先队学科教研员和教育部门、团委优秀年轻干部人选。在遵守学校领导干部选拔与教师队伍管理有关规定的前提下，将优秀大队辅导员纳入校级领导后备干部的培养范畴，参与相关培训、考核，并纳入相应职级学校领导干部的遴选对象，共同参与选拔，为业绩突出的辅导员打通职务晋升通道。

总之，新时代的少先队辅导员，肩负着培养适应新时代人才的重任。中小学校要加强对辅导员的培养，提升其政治理论水平，掌握科学有效的育人方法，用新的理念指导教育教学实践，和孩子们成为朋友，帮助他们德智体美劳全面发展，努力成长为有益于社会，能够报效祖国的新一代。

3. 建立健全少先队工作督导评价机制

新时代，少先队工作要准确把握新时代少先队工作的任务要求，着力破解制约少先队工作的突出矛盾和问题，在帮助少年儿童从小树立共产主义理想、增强自身光荣感与归属感等关键方面用劲发力。

第一，教育部门应督导各学校将少先队大队辅导员纳入中层管理人员，中学大队辅导员由中学团委（总支）书记或副书记兼任，按中层管理人员标准对辅导员进行考察、选拔、配备、管理、使用，并报教育部门备案。学校的少先队工作，不仅仅属于德育的范畴，而是涵盖了德、智、体、美、劳等全面的教育，因此应把少先队工作纳入教育综合评价体系。对少先队工作评价要纳入学校全方位目标综合考核体系，教育主管部门每年可根据实际，适时调整并提高比重，少先队工作评价结果要成为衡量学校办学水平的重要指标，成为学校党政领导业绩考核的重要依据。

第二，教育行政部门应会同共青团共同搭建辅导员的交流平台，主动倾听了解辅导员的诉求，帮助辅导员解决实际困难、更好开展少先队工作与活动。同时，探索通过新媒体载体，广泛宣传基层辅导员的工作成果与先进事迹，在全社会营造重视少先队、尊重辅导员的良好氛围。

第三，完善督导评估及重视结果使用。中小学校应以贯彻中央《关于全面加强新时代少先队工作的意见》为重点，把少先队工作作为必备内容统筹安排、同步推进。教育主管部门对少先队工作的督导评估要以调动工作积极性为切入点，切实把握好科学性和实践性、终结性和过程性、定量和定性相结合的原则，不断完善对少先队工作的督导评估工作。同时要使用好评估结果，对工作中的先进个人、单位及其校长实施表彰奖励，对工作不力的个人和单位进行通报，奖优罚劣，形成比学赶超的良好氛围和局面。

进入新的历史时期，少先队工作面临着许多新情况、新问题，中小学校党组织须正确认识少先队组织在学校教育中的地位和作用，并充分发挥好党组织在少先队工作中的作用，以此为推进素质教育、提升教育质量畅通路径。

第八章　创建廉洁型党组织，净化育人环境

　　中小学作风和廉政建设是党建工作的重要组成部分，在整个党建工作中居于重要的地位。正所谓"风清则气正，气正则心齐，心齐则事成"，以中小学校党建工作为依托，正视当下中小学作风廉政建设存在的不足和挑战，创建廉洁型党组织，净化育人环境，对强化党组织的凝聚力以及教育目标的达成具有重要意义。

一、加强党组织作风建设，建设风清气正校园

　　党的作风是党的性质、宗旨的重要体现，是中国共产党人的世界观和方法论在行动上的外在表现，是党的创造力、战斗力和凝聚力的重要内容，也是指导党员活动和调整党内外关系的行为规范。作风问题的本质是党性问题，是理想信念、宗旨意识问题，是政治立场、本色问题。个人的成长、事业的成败往往跟作风问题息息相关。历史和现实表明，党风、校风、师德师风与学风之间存在着密切的内在联动机制。中小学注重校风、学风及师德师风建设首先要端正学校党组织的党风。党员教师的师德师风建设要带动普通教师的师德师风建设，师德师风建设又带动校风建设。从党建工作的内容来看，作风建设的影响往往更为直接、

更为形象和具体，在中小学这种特点更为凸显。领导班子、党员教师的作风状况，本身就是整个学校学风和教育的一部分，其好坏情况直接影响着教育的效果。

1. 作风建设是党的建设的重要内容

作风建设历来是党的建设一个重要内容。善于抓作风建设，把作风建设放在重要位置，是我们党的重要历史经验。优良作风只有在持恒坚持中才能弘扬、才能光大。我们之所以去继承、去弘扬，一方面因为这是我们党的立身之本，另一方面在于，"好的作风"无论过去、现在还是将来都具有巨大的思想价值和实践意义。

早在 20 世纪 20 年代，在我们党和人民军队的初创时期，毛泽东同志就写下了《关于纠正党内的错误思想》一文，指导红四军加强思想和作风建设。后来，他又写了《反对本本主义》《改造我们的学习》《整顿党的作风》《反对党八股》等，从理论上阐述了党的理论联系实际、密切联系群众、批评与自我批评三大作风的本质、内涵、作用和重大意义，作出并领导全党实施了包括延安整风在内的一系列加强党的作风建设的重大决策和部署。

改革开放 40 多年来，我们党积极应对世情、国情、党情的新变化，自觉适应改革开放的新形势、新任务、新要求，不断加强和推进作风建设，取得了巨大的成绩。邓小平同志指出："如果不坚决搞好党风，进一步恢复党的实事求是、群众路线和艰苦奋斗的优良传统，就可能出现一些本来可以避免的大大小小的乱子，使我们的现代化建设在刚刚迈出第一步的时候就遇到严重的障碍。"① 从 1983 年冬季开始到 1987 年 5 月，我们党用三年多的

---

① 《邓小平文选》第 2 卷，人民出版社 1994 年版，第 162 页。

时间，分期分批对广大党员的作风和党的组织进行了一次全面的、系统的整顿。以江泽民同志为核心的第三代中央领导集体反复强调，执政党的党风是关系党的生死存亡的大问题。1990 年 3 月召开的党的十三届六中全会审议通过了《中共中央关于加强党同人民群众联系的决定》，深刻阐明了保持和发展党同人民群众血肉联系的重要性和紧迫性，明确提出了在新的历史条件下加强党同人民群众血肉联系的目标、任务、方法和具体措施。2001 年 9 月召开的党的十五届六中全会审议通过了《中共中央关于加强和改进党的作风建设的决定》，不仅阐明了加强和改进党的作风建设的指导思想、总体要求和具体措施，而且明确提出了加强和改进党的作风建设的主要任务——"八个坚持、八个反对"。党的十六大以来，以胡锦涛同志为总书记的党中央，把以保持党同人民群众的血肉联系为核心加强作风建设放在更加突出的位置，倡导"八个方面的良好风气"，提出"四个大兴"的要求，增强了党员干部的先进性意识和全心全意为人民服务的宗旨意识，使我们党的作风建设又迈上了一个新的台阶。

2012 年 12 月 4 日，党的十八大刚刚闭幕，中共中央政治局会议就审议通过了改进工作作风、密切联系群众的八项规定，作为解决作风问题的切入口。2013 年 5 月，中共中央印发《关于在全党深入开展党的群众路线教育实践活动的意见》，明确指出这次教育实践活动要着力解决形式主义、官僚主义、享乐主义和奢靡之风等"四风"问题。2014 年 3 月，习近平在参加第十二届全国人大二次会议安徽代表团审议时提出"三严三实"，不仅明确了新形势下领导干部的修身之本、为政之道、成事之要，而且为新形势下加强和改进党的作风建设提供了重要遵循。十九大报告号召全党，"坚持以上率下，巩固拓展落实中央八项规定精神成果，继续整治'四风'问题，坚决反对特权思想和特权现象"。在实践中，以习近平同志为核心的党中央身体力行八项规定、坚决反对"四风"，把全党的作风建设推进到一个新的境界。

党的百年奋斗史证明，中国共产党之所以能从弱小走向强大，从夺取政权到掌握政权，关键在于始终保持了优良的传统和作风，在于始终和人民群众保持着血肉联系，在于始终把人民的利益作为奋斗的唯一宗旨，从而赢得了广大人民群众的衷心拥护和支持。

2. 作风建设关系着中小学校教育的兴衰

作风建设之于党的建设的重要性是这样，对于中小学这样的一个组织、一个单位，同样是这样。我们党也是由一个个党组织构成的，党的作风建设既有全党部署的一面，也有各个党组织认真落实、践行的一面。从中小学自身来看，要想保持教育事业的蒸蒸日上，保持全体教职工同心协力、奋发前进，同样要把作风建设放在重要位置。加强党员教师作风建设是全面贯彻落实党的教育方针，是提高和巩固党在教育系统的领导能力、保持和发展党的先进性的必然要求，也是中小学做好反腐倡廉工作的必然要求。

一方面，加强作风建设是提高师德和教师综合素养的重要载体。中小学党员教师是学校党组织的细胞，是党组织履行其职责的重要支撑。教师队伍素质的高低不仅直接决定着一个学校的办学水平，也是教育目标能否达成的关键制约因素。在中小学教师队伍中，党员教师是比较特殊的群体，他们拥有政治身份与职业身份双重角色，既要履行党章义务、服从党组织安排，也要遵守教师职业道德和规范、爱岗敬业。以作风建设为契机，充分发挥党员教师的先锋模范作用，把政治教育与职业发展目标相结合，以党员教师带动全校教师，有助于提高广大教师师德素养、永葆教师队伍的先进性，使之时刻站在教育发展的前列，引领教育、引领学生，成为教育事业的最可靠的推动力量。

　　另一方面，加强作风建设有助于营造良好的教育环境和氛围。良好的校园环境对于中小学生的成长至关重要。如何营造良好的校园环境？学校党组织以及广大教师无疑是重要的责任承担者。不容忽视的是，一些中小学的领导干部，缺乏基本思想素养和道德情操，没有社会责任感和奉献精神，不能够把教育和学生放在首位，在工作中独断专行、缺乏民主作风，铺张浪费严重、奢靡之风盛行。一些学校执行中央八项规定精神不严格，"四风"问题特别是形式主义、官僚主义依然不同程度存在。从公开曝光的案件上来看，违规宴请问题、违规公款消费、违规发放津补贴、私设"小金库"及截留、套取、私分学生生活补助或教育资金等问题仍时有发生。对此，只有针锋相对，绷紧作风建设这根弦，才能杜绝或减少这种行为，为学生健康成长创造良好的学习氛围。

　　党风就是形象，党风就是力量。作风建设不是可有可无的摆设，而是实实在在的干事创业的重要保障。中小学校党组织和广大党员教师，特别是领导干部，应切实增强忧患意识，居安思危，从我做起，率先垂范，大力弘扬新风正气，自觉抵制歪风邪气，教育目标才能实现，党的教育事业才能永葆生机和活力。

3. 中小学校党组织作风建设的主要内容

　　党的作风建设，"就是要端正党员领导干部和党的各级组织的思想作风、学风、工作作风、领导作风和干部生活作风，树立与党的性质、宗旨相适应的良好风尚"①。它包括党的思想作风建设、工作作风建设、领导作风建设、干部生活作风建设，以及党的学风建设、文风建设、会风建设等多个方面，是党的自身建设的重要内容和有机组成部分。校风即学校的风气，是学校成员共同具有或应该共同具有的思想行为作风，是一所学校区别于其他学校的独特风气。校风体现一个学校的办学理念，体现一个学校的校园文化和人文精神，体现一个学校的历史积淀和教学传统，同时也反映了一个学校的办学管理水平。可以说，深入开展校风建设是治校、治教、治学的需要，是校园文化建设的重要内容。从中小学的实际来看，作风建设主要包括以下几个方面：

一是思想作风。我们党在革命、建设和改革过程中所形成的解放思想、实事求是、与时俱进的思想路线，是党的思想作风的主要内容，是党的思想作风的核心和灵魂。广大党员教师应把加强和改进思想作风建设放在重要位置，自觉用马克思主义的立场、观点、方法分析教育教学工作中的问题，求真务实，锐意进取，努力开创党和国家教育事业发展的新局面。

二是学风。我们党一贯倡导的马克思列宁主义学风是理论联系实际。中小学校是学习的场所，重视学风尤其重要。广大中小学党员教师应发扬我们党的优良传统和作风，"坚持理论联系实际，反对照抄照搬，本本主义"；善于把理论学习与改造客观世界、主观世界结合起来，及时提高运用理论的水平和解决问题的能力。要引导学生珍惜学习时光，心无旁骛地求知问学，遵守纪律，诚信为人，增强自身综合素质。

---

① 张荣臣：《中国共产党对党的作风建设的探索和制度化进程》，《中国党政干部论坛》2013 年第 12 期。

三是工作作风。要发扬不畏艰险、勇于改革的实干精神，坚持以人才培养为中心，主动学习，提高依法依规办事能力、专业业务水平、岗位履职能力，增强教育服务创新发展能力，以更高的站位、更宽广的视野、更扎实的工作，为学校改革发展和人才培养提供服务和支撑。改进工作作风，必须坚持群众观点和群众路线，坚决反对形式主义和官僚主义。

四是生活作风。生活作风是一个人在日常生活中形成的生活态度和行为模式，是其思想品质、道德观念、文化素养和行为方式等综合反映，也是其世界观、人生观、价值观的反映。中小学党员教师应自觉地加强党性锻炼，树立正确的人生观、教育观、利益观，生活工作一个样，课上课下一个样，以良好的道德操守做广大学生的表率。

五是领导作风。中小学的领导干部要坚持党的三大作风，坚持理论联系实际、密切联系群众、批评与自我批评。在工作中，应坚持民主集中制，反对独断专行、软弱涣散；坚持党的规矩，反对违法乱纪；坚持任人唯贤，反对用人上的不正之风；坚持廉洁用权，反对以权谋私、以私废公；坚持艰苦奋斗，反对享乐主义和奢靡之风，崇尚节约、克勤克俭；坚持党性修养和道德自律，反对低级趣味，永葆共产党人清正廉洁的政治本色。

进入新发展阶段，广大中小学校要持之以恒抓实作风建设，推动学校始终沿着纪法的轨道科学文明、健康和谐发展。一是严肃整治"四风"，深入贯彻落实中央八项规定精神。"纠正'四风'不能止步，作风建设永远在路上。"二是进一步加强学校领导班子作风建设。加强领导班子作风建设，是推进学校党的建设和廉政建设的前提条件，是推进中小学治理现代化的题中应有之义。在新的形势下，学校领导班子作风建设应创新思路，前移关口，抓好教育和监督。要坚持不懈地开展党的宗旨教育和群众路线教育、引导领导干部牢固树立正确的政绩观，不断加强党性修养，深入基层、服务师生，积极听取师生对学校改革与发展、具体工作的意见和建议，倾听涉及师生切身利益的诉求。要继承和发扬艰苦奋斗的优良传统，强化办学资源和办学设施的合理配置和有效使用，对于办公用房、"三公"经费支出、职务消费等情况严格遵守相关规定。作为学校的领导干部，要发挥表率作用。要带头落实作风建设各项要求，自觉净化生活圈、朋友圈，多同普通群众交朋友，多同基层干部交朋友，多同先进模范交朋友，多同专家学者交朋友，一身正气，一尘不染，自觉在监督下开展工作，以共产党员的高风亮节和人格力量影响和带动群众。三要制定完善学生行为规范，严格管理特别是考试纪律管理，营造良好的学习氛围，努力形成勤于学习、奋发向上、诚实守信、敢于创新的良好学风。三要严肃惩治"微腐败"。"千里之堤，溃于蚁穴。"中小学的"微腐败"，貌似问题小，但损害的是师生的切身利益，啃食的是师生获得感，挥霍的是师生对党的信任。必须对广大师生反映强烈、问题集中的"微腐败"，严厉进行整治。总之，中小学基层党组织必须站在讲政治的高度，以永远在路上的恒心与韧劲，全面抓好作风建设，坚决整风肃纪，对一切存在违背党的宗旨、损害人民利益的人和现象采取零容忍的态度，绝不姑息，营造一个风清气正的校园环境。

二、加强校园廉洁教育

与其他单位和党组织相比，中小学的廉洁教育具有某种特殊重要性。在当前全面从严治党、加强廉政建设的背景下，正视这种特殊重要性，从实际存在的问题出发，是做好中小学廉洁教育的重要前提。

1. 中小学廉洁教育的重要性

在中小学开展廉洁教育，是面向全社会开展党风廉政教育的重要组成部分，是加强青少年思想道德教育的必然要求。中小学廉洁教育本质上是人的培养。廉洁教育要回答的是"培养一个什么样的人"的问题，而这也是教育所要回答的。因此，廉洁教育抓好了，抓到位了，教育问题就解决了一大半。

从年龄段来看，中小学生大体上处于青少年时期。这一时期，自我意识的增强使他们开始特别关注价值观问题，但他们还缺乏辨别是非和处理问题的能力，难以形成稳定的价值观，各种心理问题也比较多。加上当今社会转型的大背景，互联网的普及，各种社会思潮极其活跃，不可避免地会对中小学生的价值观产生影响。面对这种情况，如何引导广大中小学生树立并形成正确的世界观、人生观和价值观，就成为广大中小学必须解决的问题。

廉洁教育有助于为人才培养营造良好的环境。现代社会，学校是人才培养的最为重要的场所，几乎所有人都应该经历学校教育阶段，并通过学校教育成人成才。尤其是中小学生，年龄较小，环境和氛围因素对其发展的影响更加明显。而作风建设就是要营造一种良好的氛围，立足学校现有的物质环境，通过学校健康向上的精神因素引导激励学生积极向上、奋发有为，从而实现教育的目的，让学生健康成长。依托校园环境来传递廉洁精神，使学生形成"免疫力"，可以对各类腐败现象和观念做到最大程度的抵制，使廉洁思想扎根其灵魂的深处，从而给社会带来健康前行的保障。

2. 中小学廉洁教育面临的挑战与问题

中小学不仅承担着教书育人的重要责任，同时也肩负着落实党的路线、方针、政策的使命，肩负着繁荣教育事业的使命。近几年，反腐败的力度一直很大，社会中的腐败风气得到极大程度遏制，同时中小学校也紧跟时代进步趋势，进行多元化的廉洁教育，取得了良好的效果。同时，廉洁教育工作存在的一些问题也不容忽视。

第一，思想认识上对廉洁教育重视不够。不少中小学不同程度地存在着重教学轻党建的情况，一些领导认为在学校谈党风廉政建设是小题大做，甚至错误地认为学校廉洁教育工作抓得太紧，会影响广大教职工的积极性，影响教育教学工作的顺利进行。一些学校往往把以教育教学质量和办学条件等硬件建设当作硬指标、硬任务，把大量时间、精力和财力都在抓发展规模和升学指标上，廉洁的种子未落地故不会生根。对于廉洁教育工作，普遍存在着"以文件落实文件，会议贯彻会议"的习惯式应付，没有引起高度重视。廉洁教育不够常态化，并且未能与德育体系进行结合，故有着片面性。

第二，廉洁教育队伍不健全。在党建工作不受重视的情况下，作为党建工作的一部分，廉洁教育就面临着更为边缘化的处境。首先负责这一项工作的，大多同时肩负更为重要的工作，如负责该项工作的副书记或者副校长，往往身兼数职，并且分管的教学等其他工作在工作中可能更加具有紧迫性，类似于廉洁教育这种虽然重要但看上去不那么紧急的"软任务"往往就会被一拖再拖。更有甚者，就算是兼职，有的学校也难以配备齐全，甚至只能由分管的书记或者副书记一个人跳"独角戏"。

第三，党员教师个人失德现象严重。廉洁教育最终要落到人的身上，通过具体的人去抓。然而，由于种种原因，部分党员教师以及一些教职工不能做到廉洁自律、洁身自好，成为中小学作风廉洁教育不容回避的难题。有的教师不顾社会反响和教育的形象，巧立名目给学生补课、乱订资料，极大地恶化了学校和党组织的形象，导致涉法涉诉信访；还有些学校干部不顾学生的健康成长，克扣学生伙食，在招生环节"索、拿、卡、要"等；更有甚者，学校领导干部对这些违纪行为视而不见，奉行"多一事不如少一事"的处世哲学，极度败坏了教育干部的形象。

第四，主体责任落实不到位。一些中小学校党组织把党风廉政建设工作交由纪委或纪检委员"全权负责"，没有履行好党风廉政主体责任；一些中小学校党组织满足于把党风廉政建设任务和责任进行了分解，至于对所制定的制度是否有效得到贯彻执行，分解的任务是否保质保量完成过问不足，缺乏经常性的工作督查。一些中小学的领导干部认为只要管好自己，保证自己不犯错就行，其他人员出了问题与自己无关。工作中、生活中奉行好人主义，习惯于当"太平官"。

此外，学校内部廉洁教育制度操作性不强、监督措施还不够有力、制约机制还不够健全等情况，也成为廉洁教育发挥效力的制约因素。

3. 加强校园廉洁文化建设

未成年人承载着中华民族的希望，担负着建设未来的重任，无论他们明天从事何种职业，都应该从根本上懂得"廉洁自律"

的价值，在头脑中植根"廉洁自律"的理念，使"廉洁自律"成为其立身之基。校园廉政文化，涉及在校园文化建设中传播廉洁知识，弘扬廉洁精神，用廉洁信仰陶冶师生员工的情操，推动人们形成良好的廉政修养、政治道德和思维方式，营造出公平、公正、和谐的育人环境。

第一，加强校园廉洁文化建设要发挥党建引领的作用。针对中小学生的特点，以中小学校党组织为基础，一方面，从党员教师开始，带动全体教师遵纪守法、恪尽职守，为广大学生树立榜样；另一方面，依托各种校园活动，营造良好的校园文化气息与人际交往环境，在学习态度、价值观念和生活目标等方面对广大学生施加潜移默化的影响。

第二，中小学开展廉洁教育的基本原则。要坚持与青少年思想道德建设相结合，与和谐校园建设相结合，与师德建设相结合，与中小学生的受教育程度和认知能力相结合。做到中小学廉洁教育区分层次、整体衔接，注重实效，防止形式主义，增强教育的针对性和吸引力。

第三，让廉洁教育进校园、进教材、进课堂，通过综合运用报刊、电视、广播、网络等多种载体，开展丰富多彩的文化活动。一是引导老师们进行定期且系统化的学习讨论，对不同形势下的廉洁教育所凸显的特点进行深入且全面化的分析。二是根据中小学生在各阶段的特点，通过廉洁主题的绘画、读书与电视节目的观看等，贴近中小学生的喜好，或通过组织廉洁人物的采访、办板报、节目表演等多种方式与中小学生的需求做到最大程度的契合。三是在班级增设一些图书角，将不同时期的廉洁人物、事件等以图文、照片等方式进行展现，配以团队活动、格言征集和演讲比赛等不同的活动来强化中小学生原有的廉洁意识，使之由知廉、学廉升华至护廉并做到保廉。四是创新校园廉洁文化宣传教育工作方法，通过开展党团活动，制作廉洁文化网页、多媒体廉洁教育材料等，增加文化含量，深化教育效果。

第四，准确把握中小学廉洁教育的主要内容。小学阶段廉洁教育，侧重于开展纪律教育和做人做事基本道理、文明行为习惯养成教育，通过介绍名人名言和英雄人物事迹活动，引导小学生逐步认识自我、认识社会，不断规范自身的行为习惯，为形成良好的品德奠定基础。初中阶段主要引导学生了解国家基本的廉政法律法规，理解个人成长应具备的基本素质，理解个人与他人、个人与集体、个人与社会的关系，引领学生感悟人生意义，提高道德素质。高中阶段主要引导学生学习国家廉政法律法规基本要点，引导学生树立公民道德和法律意识、诚信意识，培养高尚的道德情操。

第五，强化精神引领机制，构建和谐校园廉洁文化。精神文化建设是校园文化建设的核心，也是校园文化追求的最高层次。廉洁文化建设不仅是一种制度建设，更是一种精神文化建设。学校教师具有多重身份，既要接受廉洁教育，又要教育学生。教师在加强自身师德师风的同时要通过课堂主阵地教育学生廉洁文化的基本知识，以生动形象的案例教学让学生意识到腐败形式存在于社会的方方面面，从而促进学生廉洁修养的形成，真正做到"立德树人"。

第六，强化行为倡导机制，拓宽校园廉洁宣传形式。虽然我们在现有的校园文化建设中几乎处处都能看到廉洁教育的身影，例如廉政黑板报、廉洁教育的宣传画、廉洁主题班会等，但多数为被动型的灌输性教育，学生的参与性和接受程度较弱。因此，学校还应该从创新廉洁宣传的形式入手，引导师生在教学活动中楔入廉洁内容，在书画、诗歌、小品等文化作品的创作中融入廉洁主题，努力让学生们在参与具体活动中学习廉洁文化、感染廉洁基因，逐渐建立起廉洁自律意识。

总之，我们要通过开展校园廉洁文化建设，努力营造风清气正的教书育人环境，让学校成为培养浩然正气的场所，始终文明充溢。

三、完善制度建设，为教育护航

作风廉政建设，最根本的还是靠制度建设。制度建设具有根本性、全局性、稳定性、长期性。当前，要着力从源头治理、过程落实与民主监督等方面来保障中小学作风廉政建设效果。

1. 源头防治，治本为先

"求木之长者，必固其根本；欲流之远者，必浚其泉源。"从源头抓作风廉政建设，已经成为我们党的一个经验。从源头防治，就要始终坚持把加强党风廉政建设作为党建工作、全局工作的重中之重列入重要议事日程，层层抓落实。要从作风廉政建设的主体出发，着力于治本，通过思想教育、制度约束和文化涵养等方式，全面提升主体拒腐防变的能力。

第一，把思想作风建设放在第一位，坚持解放思想、实事求是的思想作风。把解放思想、实事求是这一马克思主义活的灵魂作为我们认识新事物、适应新形势、解决新问题的根本思想武器，将这一思想作风贯穿于作风廉政建设的全过程和具体实践中。具体来说，就是要加强理论学习，促使广大教师自觉提升理论素养，自觉用马克思主义的立场、观点和方法认识问题、看待问题。要把学习摆在作风建设的突出位置，深入学习马克思主义及其中国化最新成果，用科学理论武装自己的头脑，夯实思想政治基础。要坚持分类指导的原则，从领导班子、中层干部和党员教师三个层次确立教育重点，把廉洁意识融入以科学育才观和全面优才观为核心的育才文化中，使党风廉政建设真正为学校育人保驾护航。在增强领导班子执政能力层面，突出提高领导班子规范管理、廉洁从政水平的工作重点；在增强中层干部执行力层面，突出提高中层干部执行学校制度和规范执行办学意图能力的重点。学校应对课时安排、教学优化等做到时实监督，同时对教育局的意见进行深入的分析，对廉洁教育的多种内容和各阶段的目标进行细致的明确，让廉洁教育在新模式下得以科学实施。

第二，重视制度的作用，做到制度面前人人平等。一是加强学校领导班子思想政治建设，使学校党政领导干部坚定理想信念，树立廉洁自律风范，着力构建思想道德和党纪法规防线。二是扎实实施党风廉政建设责任制，完善"党风廉政建设责任书"制度，强化廉洁自律、艰苦奋斗意识；在广大党员教师中深入持久地开展以《中国共产党纪律处分条例》《中国共产党廉洁自律准则》等一系列党风廉政法律法规为主要内容的学习教育活动，同时结合反"四风"的典型案例分析，把警示教育引向深入。三是刚性落实党内各种制度，认真实施干部廉政谈话制度、诫勉制度、领导干部报告个人重大事项制度、党员领导干部民主生活会制度、廉政鉴定制度、定期考核评议制度等干部管理监督制度，从体制和制度上保证广大教育工作者恪尽职守、廉洁奉公。中小学领导干部和党员教师更要以身作则，模范遵守党风廉政建设的各项规定和党的各项纪律，做清正廉洁、艰苦奋斗、敬业爱岗、甘于奉献的表率，带头为作风廉政建设营造良好的氛围。

第三，发挥课堂教学在作风廉政建设中的重要作用。把作风廉政建设与学科建设、素质教育紧密结合起来，正确处理作风廉政建设与其他学科教学的关系，深入挖掘并整合现有学科的作风廉政建设资源。把作风廉政建设与课堂教学紧密结合起来，使学生在学习知识、增强能力和提高认识的过程中受到廉洁教育，加强思想道德修养。

第四，从日常工作和生活的点点滴滴出发，筑牢作风廉政建设的根基。一是着力营造良好的校风。充分发挥党组织的优势，深入持久地开展安全文明校园创建工作，依托各种校园活动，弘扬主旋律，用先进的思想、理论、文化占领校园文化阵地，大力营造积极、向上的校园文化氛围。二是大力整饬教风。大力贯彻落实《中小学教师职业道德规范》，注重管理制度的公平性、合理性，全面加强师德建设，切实解决教职工中存在的作风不正、教风涣散现象，努力形成敬业爱岗、严谨科学、诲人不倦、爱生如子的教风。三是锻造一支善于从事素质教育、具有创新精神和创造能力、适应时代发展要求的教师队伍。四是努力形成学校教育、家庭教育、社会教育在作风廉政建设中的整体合力。发挥学校在作风廉政建设中的主阵地作用，切实加强学校教育、家庭教育、社会教育的相互衔接。

2. 明确责任，注重落实

作风廉政建设是一项硬任务，但在实际工作中更多地表现为一项"软工作"。把"软工作"落实好，除了良好的源头预防措施外，也要注重过程的责任落实、保证效果。

第一，牢固树立"抓好党风廉政建设是本职，不抓党风廉政建设是失职"的意识。习近平总书记指出："历史使命越光荣，奋斗目标越宏伟，执政环境越复杂，我们就越要增强忧患意识，越要从严治党，做到'为之于未有，治之于未乱'，使我们党永远立于不败之地。全党同志必须在思想上真正明确，党的执政地位和领导地位并不是自然而然就能长期保持下去的，不管党、不抓党就有可能出问题甚至出大问题，结果不只是党的事业不能成功，还有亡党亡国的危险。"因此，针对党风廉政问题，一要对党风廉政建设和反腐败工作及时谋划，认真部署，狠抓落实，通过党建宣传、讲党课、党员活动日等方式真正把工作抓在平时，抓到实处，抓出成效，将"两个责任"落到实处；二要通过逐级签订廉洁自律承诺书，形成廉洁自律的刚性约束，把权力关进制度的笼子里，形成不敢腐的惩戒机制，不能腐的防范机制和不想腐的保障机制。

第二，明确责任与目标。加强作风廉政建设，是全面从严治党的重要举措。要落实好学校的党风廉政建设责任制，明确学校党组织的主体责任与纪检监察部门的监督责任。对于中小学来说，党组织要善于抓总，明确主体责任的要求；党组织书记要管好班子，带好队伍，管好自己，当好作风廉政的表率；纪检监察干部则明确自身的监督责任，积极协助党组织加强党风建设和组织协调廉政工作，努力探索作风建设的新路子，努力培育和弘扬符合时代要求的新作风和新风范。除了明确责任和责任人之外，还要明确作风廉政建设的目标任务。一般来说，中小学可以把"五个好"——领导班子好、党员队伍好、工作机制好、发展实绩好、群众反映好——作为工作目标。各部门相关负责人在总体工作目标的引领下相互协作，共同促进作风廉政建设工作的落实。落实党风廉政建设责任制，抓住招生、基建、人才引进、科研立项、职称评定、学科评审等容易产生不正之风和腐败行为的关键环节，加大预防和惩治腐败工作力度。

第三，依托活动创新载体。中小学作风廉政建设，要善于与各种校园活动结合起来，着重在内容和形式上推陈出新，抓出特色。这些活动大体上可以分为两种类型。一种是党内教育方面的，比如贯彻落实中央八项规定、群众路线教育实践活动、"两学一做"学习教育、"不忘初心、牢记使命"主题教育、党史学习教育等。这些活动政治性强、纪律性强，是每个党组织必须认真贯彻落实的。另一种是校内的具体活动，比如校园优秀教师评选、学生最喜欢的教师评选、学生社团组织的一些群体性活动等。抓好作风廉政建设工作，要把握好贴近生活、贴近实际的原则，以广大师生喜闻乐见的方式来进行。比如组织广大师生观看学习先进典型影片，在爱国主义教育基地进行现场说法，节假日向全体党员教师和广大教职工群发廉政短信和祝福短信，组织广大学生参与征文、摄影、书画等文体活动竞赛等。

第四，注重效果，发挥先进示范作用。抓好中小学作风廉政建设，要善于发挥先进典型的作用，确保作风廉政建设的效果。抓作风廉政建设，首先要从党组织书记开始，从中小学的党员领导干部开始，领导班子尤其是主要领导干部要带头开展批评和自我批评，自觉遵守廉洁自律各项规定，敢于坚持原则，弘扬正气，面对同事、群众对自己的批评与建议，要认真对待，积极整改。

第五，坚决查处违纪违法案件。坚决查办违纪违法案件，是在新形势下加强党的执政能力建设、构建惩治和预防腐败体系的重要组成部分，是中小学深入开展反腐倡廉工作、保障教育事业健康发展和人才健康成长的必然要求，是创建社会主义和谐校园、净化育人环境的现实需要。中小学校党组织要高度重视办案工作，在学校改革发展过程中始终保持办案工作力度，严格审查和处置党员干部违反党纪政纪、涉嫌违法的行为。一要扩大查处领域。要严肃查办领导干部违反政治纪律、组织纪律案件，以及贪污贿赂、权钱交易、腐化堕落、失职渎职等案件，严肃查处滥用权力违反程序选拔任用干部、干预职称评定、违规招生等问题，严肃查处利用职务插手教材教辅选用、基建后勤、校办企业、招标采购等领域的问题。二要突出重点。要重点查处不收敛不收手、问题线索反映集中、群众反映强烈、现在重要岗位且可能还要提拔使用的党员干部，坚决纠正损害群众利益的不正之风，从而着力解决教育领域存在的突出问题。三要抓早抓小、防微杜渐。要坚持对党的事业、对学校发展、对干部成长高度负责的态度，对党员干部身上的问题要早教育早提醒、早摸排早查处、早纠正早解决，防止小问题变成大问题。

3. 发挥监督，民主促廉

抓好作风廉政建设，也要坚持内因外因相结合，既要注重发挥内因的决定因素，还要注重外因的促进作用。完善、创新监督工作机制，充分发挥党内监督、教师学生群团监督和社会监督，有助于促进党风廉政建设的工作扎实落地。

第一，发扬党内民主，重视党内监督。发扬党内民主，重视党内监督，是作风廉政建设的关键环节。一要采取学校领导班子会或校务会议等形式集体讨论决定学校改革发展和涉及广大师生切实利益的重要事项；建立落实校长定期向党组织通报工作，党组织对行政工作重要事项实施情况进行监督等制度。二要深入推进党务校务公开，规范党务、校务公开程序，自觉接受党员教师评议，提高权力运行透明度。重要改革方案、重大政策措施、重点工程项目在决策前都要公开征求意见，并以适当方式公布意见采纳情况。涉及教职工切身利益的重要事项，须经教职工代表大会讨论通过；涉及学生权利义务变更的制度性文件，须经过合法性审查和听证程序。三要坚持党管干部原则，在选人用人中发挥党组织的主导作用，涉及学校干部任免事项，必须经过学校党组织的考察后再研究决定。健全完善党员、教职工定期评议学校领导班子及其成员制度，认真对待批评意见与建议，并给予回执。实践中，有的学校实行"党员积分制"，收到了良好的效果。党员积分制是评价党员先锋模范作用的"成绩榜"，各支部对党员的政治素质、组织生活、先锋作用、服务师生、廉洁作风、履职尽责等情况进行每月一评价、每月一公示。每年度的党员积分成绩，作为民主评议党员的重要参考。

第二，重视群团监督。从校内来说，中小学党风廉政建设的监督力量主要来自两个群体，一是教师，二是学生。与教师关系比较密切的群团主要有工会、妇委会等。健全完善工会、教职工（代表）会议制度，定期召开学校教职工（代表）大会，讨论审议学校重大问题，对学校行政工作进行监督，是加强作风廉政建设的重要方面。团委与学生会组织则是学校与学生之间的桥梁与纽带。一般来说，校团委主要的角色定位是，在青年学生思想政治教育、校园文化和社会实践活动，以及团组织建设方面发挥职能作用；学生会则主要负责全校学生劳动卫生、体育锻炼以及与校规校纪、学习安排等活动进行监督与检查。由于校团委与学生会与学生的密切关系，推进中小学作风廉政建设，充分发挥校团委与学生会的积极作用，有助于及时发现作风廉政建设方面存在的问题，从而采取针对性解决措施。

第三，注重社会监督。中小学的各项事业都应该接受社会监督，作风廉政建设也不例外。注重社会监督，重点要做好校务公开工作，公开内容要瞄准热点和关切点，围绕广大家长关心的校园规划与建设，师德建设，教师职评、晋级、评优、考核等情况，通过公示栏、微信群、家长座谈会等多样的形式，主动向社会公开。除校务公开外，媒体监督也是社会监督的重要形式。与普通家长等个体的群众监督不同，媒体监督呈现出更高层次的特征，反映的问题往往更加具有针对性和普遍性。

第四，提升学校党组织落实制度的能力。党的纪律和党内规矩是各级党组织和全体党员必须遵守的行为规范和规则。中小学校党组织要落实好党风廉政建设，不断提高中小学校党建工作的制度化水平。要坚持问题导向，善于将问题整改与制度建设精准结合，定向发力。学校党组织要在制度的微观设计方面提升能力，强化制度建设系统化的意识，既保证制度管理不留盲点，又使各项制度形成体系。学校党组织还要进一步健全制度的监督机制，坚持将抓"制度意识"和"制度执行"相结合，推动制度的落实。要突出领导班子、党员干部的示范效应，指引广大党员、全校师生的行为判断，持续对制度的缺陷加以矫正完善，实现制度的长效化。要重点督查党员领导干部转变作风、执行规定的情况，坚决查处那些不收敛不收手、群众反映强烈的领导干部，发现一起、查处一起，并将其点名道姓通报曝光。要加大审计工作力度。加强内部审计制度建设，完善审计监督体系，建立审计结果公开制度、审计结果应用制度和审计问题责任追究制度。

第九章　创建规范型党组织，推进依法治校

制度建设对于全面从严治党战略这个系统工程来说具有重大的意义，因为制度具有长期性、根本性和稳定性，所有其他内容都要通过制度建设发挥作用。新形势下，广大中小学校要积极创建规范型党组织，推进从严治校、依法治校，不断提升学校正规化治理水平。

一、严肃中小学校党组织党内政治生活

党的组织生活是党内政治生活的重要内容和载体，是党组织对党员进行教育管理监督的重要形式。因此，中小学校党组织要严肃党内组织生活，促使党员教职工充分发挥先锋模范作用、成为学校工作的排头军，是中小学校党组织一项重要任务。

1. 一些中小学校党组织党内生活中出现的问题

近年来，绝大多数中小学校党组织规范开展党内生活，党组织的战斗堡垒作用进一步增强，工作作风进一步改进。但是从服务立德树人新要求来看，当前在一些中小学，党内政治生活并不"严"，导致中小学党员教育和管理方面出现了一些问题。

第一，对中小学党内政治生活的重要性认识不够。一些学校

党组织甚至党员领导干部对学校党组织党内生活的重要性认识不足，只认为学校主要是从事教育教学的阵地，党员教师能够坚守岗位，把书教好就合格了。他们认为党内政治生活是走过场，进行的只是一时、刮的是一阵风，或认为参加党组织党内政治生活是形势所迫，是上级领导的要求。尽管上面抓党建的力度不断加强，而在一些中小学里则是雷声大雨点小，抓党员队伍建设工作力度不大、思路不清、措施不力、工作不到位，或者只把发展党员的数量作为党建的主要工作。这些错误的、模糊的、偏颇的认识的存在直接导致了部分党员轻视党内政治生活，置党内政治生活不正之风于罔闻，不认真对待党内政治生活，党内政治生活走调变味，削减了参加党内政治生活积极性。

第二，部分学校党组织建设落实不到位。这主要表现为：一是一些中小学校党组织党内政治生活失之于宽、失之于软，党要管党、从严治党的"大熔炉"温度不够，火候不到；二是政治理论学习流于表面，仅依靠读读报纸，念念文件，学习方式僵化，忽视思想困惑，忽视实际问题，忽视群众关切，自说自话，空谈主义盛行；三是一些党组织党员干部遇到原则问题不坚定，存在"多一事不如少一事"的想法，遇到矛盾绕着走；四是一些学校党组织把民主集中制沦为摆设，一些学校领导干部搞，分散主义、各自为政，甚至把分管领域变成私人领域。

第三，一些员教师作用发挥不明显。一些中小学党员只顾忙于做好自己的教育教学常规工作，没有发挥党员的先锋模范带头作用。一些学校的基层党组织虽然开展了一些党建活动，但一些党员教师也只被动参加，应付了事。加上基层党组织在开展党务活动方面，存在着思路不宽、办法不多、形式单一、内容枯燥、缺乏针对性等问题，对党员教师的号召力微弱，既达不到教育作用，也没有达到管理作用。

第四，部分党员党性观念淡薄，精神懈怠。有的党员思想不够解放，缺乏开拓创新精神，工作不思进取，安于现状，素质低下，能力不足，没有起到模范带头作用。有的党员不愿参加组织生活，不交纳党费，不做党组织分配的工作，起不到党员作用，甚至与党组织讨价还价，在家庭、在社会生活中表现不佳，混淆了党员和一般群众的区别，党员的先进性无从谈起，影响了党在群众中的形象。

第五，信仰动摇，宗旨意识弱化，其言行完全背离了党员的标准。在现实中，一些党员教师完全忘记了自己的党员身份，对现行的一些方针政策公开表示怀疑不满甚至妄加攻击；热衷于小圈子文化，自我批评避重就轻、轻描淡写，批评他人蜻蜓点水、拐弯抹角；更有甚者，虽然在学校担任一定职务的党员，但党性意识淡漠，不能很好地践行党的宗旨，甚至利用共产党员的身份谋私利、捞好处，消极腐败，严重影响了党在人民群众中的威信。

2. 中小学校党组织党内政治生活严把"四道关"

中小学校党组织党内政治生活要"严"起来，必须严把"四道关"。

第一，严把入口关，对新发展的党员条件要"硬"。在中小学发展新党员，不能追求指标，更不能为迎接重大节庆而搞突击行动。要把入党的条件标准摆在第一位。认真做好党员发展工作。认真执行发展党员"公示制""备案制"，严格发展党员程序，把优秀中青年教师、一线教学骨干、学科带头人以及党的力量薄弱的学校作为发展党员的重点，不断壮大学校党员队伍，优化党员结构和质量。同时，建立入党积极分子和预备党员的政治集训制度、政审制度、一年考察制度等，使坚持标准、保证质量的要求真正落到实处。

第二，严把过程关。要健全党内生活，树立党的一切工作到党支部的导向，坚持"三会一课"制度，全面推行"党员三日"制度，即党员公益日、党员政治生日及党员学习日，做到"日子好记、时间集中、活动方便"，使"党员三日"制度与"三会一课"制度融为一体，党的组织生活更接地气、更好落实。完善领导班子民主生活会和党员专题组织生活会制度，党员领导干部参加双重组织生活。健全党员党性定期分析制度，认真做好民主评议党员工作，积极稳妥处置不合格党员。

第三，严把作风关，对学校的党员要严格要求，鼓励党员勇挑重担，加强师德师风建设。党员要带头杜绝违规收费、有偿补课等行为，高质量完成课堂教学，向课堂要效率。

第四，严把监督关，对党员的教育管理制度要"硬"。及时合理调整党组织的设置，把每个党员都纳入严格的党内生活。要坚持定期的民主评议党员制度，对党员进行鉴定，表彰优秀党员，处置不合格党员。要坚持民主生活会制度，特别是抓好党员干部参加中心组学习和双重组织生活。

3. 严肃党内政治生活，做到"四个抓好"

习近平总书记多次强调："加强党的建设，必须营造一个良好从政环境，也就是要有一个好的政治生态。"[1] 一个学校的政治

---

[1] 习近平：《坚持从严治党落实管党治党责任　把作风建设要求融入党的制度建设》，《人民日报》2014年7月1日。

生态，是学校全体教师职工政治生活的主要环境，是获取政治营养的直接来源和重要渠道。良好的政治生态，好比政治环境中的碧水蓝天，是培养政治合格党员的一方沃土，是滋养坚定政治理想的一道清泉。只有在良性的政治环境中，广大干部教师才能培养出敢于担当、慎独慎微的正气，才能激荡出开拓创新、勇于进取的锐气，才能焕发出淤泥而不染、洁身自好的清气，才能营造一个好的校园风气。《关于新形势下党内政治生活的若干准则》，既是党章规定和要求的具体化，也是近年来全面从严治党实践形成的一系列规定和举措的系统化，为严肃党内政治生活，净化党内政治生态提供了基本遵循。新形势下，中小学校党组织要严格遵守该准则，做到"三个抓好"：

第一，抓好思想教育这个根本。在中小学校园内任何信息传播、观念影响、价值塑造和行为引导都会对受教育者产生一定影响。要坚持不懈强化理论武装，毫不放松加强党性教育，持之以恒加强道德教育，教育引导广大党员、干部筑牢信仰之基、补足精神之钙、把稳思想之舵，坚守真理、坚守正道、坚守原则、坚守规矩，明大德、严公德、守私德，重品行、正操守、养心性，做到以信念、人格、实干立身。要教育好党员干部理解透党组织党内政治生活是什么，为什么要严格党内政治生活，严格党内政治生活什么，影响党内政治生活的因素有哪些，怎样严格党内政治生活等。

第二，抓好选人用人这个导向。要坚持用人导向作为治本之策，把领导干部这个"关键少数"抓紧抓牢。要落实好干部标准，严把政治关、品行关、作风关、廉洁关，真正让忠诚干净担当、为民务实清廉、奋发有为、锐意改革、实绩突出的干部得到褒奖和重用，让阳奉阴违、阿谀逢迎、弄虚作假、不干实事、会跑会要的干部没市场、受惩戒。

第三，抓好组织生活这个经常性手段。要认真落实"三会一课"、民主生活会、领导干部双重组织生活、民主评议党员、谈心谈话、批评和自我批评等制度，加强经常性教育、管理、监督。要创新方式方法，增强吸引力和感染力，提高组织生活质量和效果。要根据师生党员的不同特点和需求，丰富组织生活内容，创新组织生活内容和形式。可以通过党建微博、微信、专题网页等，探索开放式、互动式党内活动，切实增强组织生活的时代性、实效性，进一步提高组织生活效果。要坚持和完善民主评议党员制度，结合每年一次的专题组织生活会，组织开展民主评议党员工作。改进和完善民主评议方式，注意听取师生群众意见，认真开展批评和自我批评。此外，要健全党员党性定期分析制度，定期集中开展学生党员党性分析评议活动。针对中小学校党内政治生活出现的歪风邪气，要进行责任追究，以此来增强党员干部的思想认识水平。

第四，重视方法创新，提高中小学校党组织党内生活的吸引力、凝聚力。注意方法、重视方法、创新方法是党推进工作的重要经验。要把方法创新置于实现中小学校党内政治生活常态化更加突出的位置，把评价反馈提到自己的工作日程上来，作为工作机中重要的一环，努力建立健全自我与他人评价相统一、自我与他人反馈相结合，规范的、有效的评价反馈体系。要拓展评价反馈主体，形成上级、下级、同级、外界共同作用的评价反馈机制，努力形成科学的党建考核奖惩制度。

总之，良好的政治生态是营造风清气正育人环境的根本保证。我们提倡全员育人、全过程育人、全方位育人的理念，就不能把学校的政治环境和育人环境割裂开来。要坚持有什么问题就解决什么问题，什么问题难就重点解决什么问题，什么问题突出就着力攻克什么问题。无论解决什么问题，都要综合分析、举一反三，使每项措施都有利于加强和规范党内政治生活，有利于净化党内政治生态。

4. 严明党的纪律，防止出现"破窗效应"

党的纪律是党的各级组织和全体党员必须遵守的行为规则，是维护党的团结统一完成党的任务的保证。党组织必须严格执行和维护党的纪律，共产党员必须自觉接受党的纪律的约束。对于党员干部来说，纪律是抵抗不良风气侵蚀的"抗体"、维护政治生命健康的"疫苗"。习近平总书记要求，"遵守党的纪律是无条件的，要说到做到，有纪必执，有违必查，不能把纪律作为一个软约束或束之高阁的一纸空文"。因此，中小学校党组织要坚持把党的纪律融入立德树人根本任务和教育改革之中。

一要学习贯彻党章。中小学校党组织和广大党员要牢固树立党章意识，自觉学习党章、遵守党章、贯彻党章、维护党章，自觉反对特权思想、特权现象，自觉按照党的组织原则和党内政治生活准则办事。

二要严格执行党的各项纪律。中小学校党组织要严格执行党的政治纪律、组织纪律、廉洁纪律、群众纪律、工作纪律、生活纪律，不断加强对党纪执行情况的监督检查，促使广大党员干部对党的纪律怀有敬畏之心，自觉遵守政治纪律和政治规矩，不断增强政治意识、大局意识、核心意识、看齐意识，做到坚守政治信仰、站稳政治立场、把准政治方向。

三要加强对党员干部的管理。中小学校党组织一方面要教育引导党员干部自觉接受组织监督，另一方面要加强对课堂、报告会、研讨会、讲座、论坛、校园网、报刊等的管理，深入开展干部师生思想政治动态和意识形态领域倾向性问题的研判，严防敌对势力利用学术交流、科研资助、捐资助学、项目培训等手段进行意识形态领域的渗透。

四要强化党内制度约束，扎紧制度的笼子，坚持有令必行、有禁必止，坚决查处各种违反纪律的行为，使各项纪律规矩真正成为"带电的高压线"，防止出现"破窗效应"。要在党员教师中运用先进典型教育和违纪典型案例等警示教育方式加强党的纪律教育，严格执行党纪处分条例，以党员教师模范遵守党纪的行为带动学校师生员工遵守国家法律法规和学校规章制度。

五要对党员党组织违纪行为，秉持"惩前毖后，治病救人"的原则，帮助犯错误的党员认识错误的危害性，找出错误根源，以使本人和其他人从中吸取教训。

二、推进中小学党务工作的制度化、标准化

党员是党联系群众的纽带，是党组织发挥战斗堡垒作用的动力源泉，因此，要常态化开展党员队伍教育管理，坚持把党务工作的标准化、制度化作为一项基础性工程来抓。

1. 加强党员教育管理制度建设

新形势下，加强中小学党员教育管理制度建设，要立足于建立党员教育管理长效机制，引导党员坚定共产主义远大理想和中国特色社会主义共同理想，提升党性修养，增强"四个意识"、

坚定"四个自信"、做到"两个维护"，在工作和生活各方面亮身份、做表率，发挥先锋模范作用。

加强中小学党员教育管理制度建设，要进一步规范"三会一课"制度、党员活动日和党章学习日制度，完善和健全党员学习培训、民主评议、公开承诺、党员志愿服务、党员联系群众等制度，为党员发挥作用搭建平台，逐步形成一支高素质的党员队伍。要关心党员的思想、学习、工作和生活，了解和反映党员需求，及时解决老党员、生活困难党员的实际困难。党员民主评议形成制度，要实现四个结合：定性民主评议与综合量化打分测评相结合、党内评议与党外群众评议相结合、评议结果向党员教师反馈与落实党员接受群众有效监督相结合、以问题为导向定期评议与评议结果运用于评先评优相结合。

加强中小学党员教育管理制度建设，要坚持党建工作的政治性、思想性和实践性原则。一是积极围绕以党组织负责人政治素养培育和党组织政治建设为核心，以提升党组织负责人核心素养和党组织规范化建设能力为目标，着力增强党组织负责人的政治判断力、政治领悟力和政治执行力，不断加强党组织规范化建设。二是深入加强理想信念教育，教育引导党员牢记党的宗旨，在实践中深化学习，做到学习理论与运用理论、改造客观世界与改造主观世界相统一，把学习成果转化为运用科学理论、科学知识分析和解决实际问题的能力。三是坚持实践性，突出组织号召力。实践是基层党组织生命力所在、力量之源，是组织师生、团结师生、凝聚师生、服务师生的重要途径。要引导党员在教育教学实践岗位发挥先锋模范带头作用，不断增强党组织的动员力、感染力和号召力。

2. 严格干部选拔任用及管理培养

培养造就信念坚定、为民服务、勤政务实、敢于担当、清正廉洁的好干部是新形势下优化人才队伍，提高党的执政能力的需要。选任的干部不仅要对共产主义理想和中国特色社会主义事业有坚定的信念，而且要勤政务实，坚持实事求是的思想路线，自觉履行工作职责，积极主动地为集体利益和群众利益服务；敢于担当，敢于坚持原则。此外，还应该具备清正廉洁的作风，严以修身、严以用权、严以律己，自觉保持艰苦奋斗的政治本色。

第一，坚持"党管干部"的原则，完善有效的选人用人机制。中国共产党一贯重视选贤任能，始终把选人用人作为关系党和人民事业的战略性、根本性问题来抓。毛泽东同志曾指出：政治路线确定之后，干部就是决定性的因素。习近平总书记指出，实现党的奋斗目标，关键在党，关键在人。正所谓"用一贤人则群贤毕至，见贤思齐就蔚然成风"，可见选人用人导向和机制建设至关重要。在中小学校党建中必须完善工作机制，推进干部工作公开，坚决制止简单"以票取人"的做法，确保民主推荐、民主测评风清气正，把好的中层干部及时发现出来，合理使用起来。坚持从严选拔、从严教育、从严管理、从严监督。让每一个干部都深刻懂得，当干部就必须懂得讲规矩、守纪律，必须付出更多辛劳，接受更严格的约束。

第二，坚持自觉和培养统一、管理和教育统一的原则，做好干部工作。在中小学校党建过程中必须以高度的政治责任感做好党员干部的培养工作，善于发现人才、重用人才。同时，针对当前党员干部面临繁重的工作压力、肩上责任重大的现实，一方面通过激励和惩处双重机制督促党员干部增强自觉性，自觉以一名合格党员和好干部的标准来严格要求自己；另一方面要加强组织对于干部的关心爱护，不仅关心党员干部的政治思想素质，还要关心干部在职业和家庭生活中遇到的问题，关心党员干部的身心健康问题，善于进行心理疏导。此外，还要改革党员管理方式和教育方式，探索寓教育于管理之中的实现路径，实现常态化教育。

第三，建立科学的选人用人机制。提高党建的科学化水平必然要求建立一套科学的选人用人机制，真正让想干事、能干事、德才兼备的干部脱颖而出。在坚持党管干部、德才兼备的原则范围内，要深入探索干部和人才的成长规律，制定出科学的考评办法，既重视已有成绩，又要着眼未来潜力；既要严格审查，又要辩证分析；既要强调突出优点，也要考虑综合素质，切实做到"寻觅人才求贤若渴，发现人才如获至宝，举荐人才不拘一格，使用人才各尽其能"。在选拔干部的环节上，要借鉴各种人才选任的先进理论和成功经验，制定出符合本单位实际的选拔方式和程序，把人事测评选拔的过程和方法结合起来，形成具有科学性和创新性的中小学校基层党组织干部选拔任用机制。

总之，中小学要将党建工作贯彻落实到学校工作的方方面面，充分发挥学校党组织的重要作用，尤其是在教师招收以及学校管理人员的选聘上都要体现出党组织的领导作用。在选聘学校干部和教师时一定要公开、公平、公正，突出党建工作的政策引导和基层党组织的领导作用。

3. 规范党组织对人才培养工作的监督

当今社会竞争激烈，做好人才工作、培育一支忠诚可靠、勇于担当、能力出众的人才队伍对党组织能力的提升和长足发展有重要意义。发挥中小学校党组织对人才培养工作的监督，是创新党建工作机制、促进人才培养机制变革的重要方面。

没有规矩不成方圆，一支战斗力卓越的人才队伍缺乏制度的管理和约束，就会变成毫无凝聚力的散沙。发挥党组织对人才培养工作的监督，关键在于坚持和完善党组织的工作机制。一套职责明确、运作规范、科学高效、系统完整的工作机制，是保证发挥学校党组织监督作用的基础。这就要求中小学校党建工作要坚决贯彻落实新时代党的组织路线，做好人才管理工作，坚持和健全党政联席会议制度，完善领导班子议事规则，建立党内情况通报制度、干部定期评议制度、民主生活会制度、校务公开制度等，以这些制度为依托，实现党建工作与人才培养工作的有机对接。在此基础上，还应该加强细化制度建设，在学校发展规划、教学管理、决策程序、干部任免、员工聘任与考评、财务制度、廉政情况等方面，确保民主管理顺利实施。

此外，还要充分发挥党密切联系群众的优势，把监督工作做到实处。一方面，要充分发挥教职工代表大会民主管理学校的职能。学校教职工代表大会是学校依靠教职工民主管理学校的基本制度，是在学校党组织领导下，教职工群众行使民主权利、民主管理学校、监督干部的重要形式。另一方面，要完善社会监督机制建设，让教师、学生、家长、社会代表等都能有序参与学校人才培养工作，力争达到"办好人民满意教育"这一目标。

4. 增强制度执行力和约束力

在注重建章立制，完善制度体系之后，还要增强制度执行力和约束力。习近平总书记曾提出要注意"破窗效应"。所谓"破窗效应"就是指如果缺乏雷厉风行、行之有效的执行力，制度和规则就会逐渐失去应有的约束力，正所谓"徒法不足以自行"。要根据学校已有的各方面制度，在不断完善的同时，提升制度的"刚性"，严肃、严格、严密地执行制度和规范，靠制度来充分发挥党员教师在学校教育教学工作中的先锋模范作用和党组织的战斗堡垒作用。在党风廉政建设和学校安全稳定各个方面，有效执行党政同责、一岗双责、失职必究的责任追究制度。立足校情，树立用原则管人、用制度管事的理念，用制度的刚性强化工作的落实，实现党建与教育教学工作深度融合、共同推进，既强化党建工作，又有效提升教育质量。

5. 着力提高中小学校党组织的标准化和信息化水平

新时代中小学校党建工作规范化建设应以标准化和信息化建设为内容，从基本队伍、基本阵地、基本活动、基本制度和基本保障等方面切入。

加强中小学校党组织标准化建设，可以促进中小学校党组织规范化发展。标准化建设，应着眼于党组织的政治核心作用如何体现、党组织战斗堡垒如何建设、党员先锋模范作用如何发挥为着力点，夯实中小学校党建工作基础，提升组织力。一是推进中小学校党组织建设标准化，健全完善党组织工作机构和组织体系，优化调整组织设置，理顺隶属关系，确保设置规范、调整有序、换届及时。二是推进党组织班子建设标准化。选优配强党组织负责人，做到班子结构合理、责任分工明确、内部团结协作、成员担当作为。配齐配强专兼职党务干部。三是推进党员教育管理标准化。以发挥党员先锋模范作用为着眼点，强化党员日常教育管理。四是推进组织生活标准化，突出思想政治教育和党性锻炼，严格执行"三会一课"、谈心谈话、民主生活会、组织生活会、民主评议党员等基本制度，定期开展主题党日活动，使党内各项组织生活正常规范。五是推进工作载体建设标准化。以"办好人民满意的教育"为导向，紧紧围绕学校立德树人的任务，强化服务功能，积极创新党组织活动载体。六是推进工作运行机制标准化。理顺学校党组织和学校行政的关系，健全议事规则，完善述职评议、民主议事等制度，探讨新时代中小学校党组织领导下的校长负责制的制度建设。七是推进党组织活动场所建设标准化。坚持资源共享，突出党建元素和实用性原则，加强党组织活动场所标准化建设，强化活动场所的政治功能和服务功能，满足党员活动和服务师生需要。

推进中小学校党组织信息化建设，实现新时代中小学校党建工作线上与线下融合发展。随着大数据、云计算和人工智能技术的广泛运用，互联网络已经成为人们发布信息、交流信息、获取信息的大平台，海量的网络数字信息深刻地改变着人们的求知途径、思维方式、价值观念和行为方式。习近平总书记指出："互联网是当前宣传思想政治工作的主阵地。这个阵地我们不去占领，人家就会去占领；这部分人我们不去团结，人家就会去拉拢。"① 因此，中小学校党组织要主动在网上讲好党的故事和传播好党的声音，更新党建工作观念，充分利用好互联网络，创新中小学校党组织建设和管理新方式，促进党建工作信息化建设。中小学校党组织要发挥网络党建育人功能，建立和完善线上党员与师生思想教育和学习平台，打破时空的限制，构建党组织网络教育活动，为党员和群众及时了解党和国家的方针、政策提供便

---

① 《习近平谈治国理政》第二卷，外文出版社 2017 年版，第 325 页。

利。同时，及时通过网络交流，了解党员和师生的需要，更好地服务党员和师生。

提高中小学校党组织的标准化和信息化水平，关键是要把党建工作融入立德树人全过程、融入教育改革全过程、融入构建现代教育治理体系全过程、融入办好人民满意教育全过程，搭建党建与业务融合发展的新平台，破解党建、业务"两张皮"问题。

三、全面推进从严治校、依法治校

从严治校是中小学校规、校纪体系架构完善的核心推动要素。而依法治校便是确定在民主化管理环境下，结合国家法律政策，尤其是与教育活动相关的规范性内容，需要配合法律、经济、行政管理手段，进行学校各类工作事务规范化调试。我国中小学建设，法律时刻发挥着双重协调功效，对于学校内部事务和社会整体秩序都发挥着不可小觑的引导功效。所以，从严治校、依法治校方针，就是希望中小学学校管理活动衍生自制化、规范化特性，确保其中不同的主体地位与合法权益不受侵害，即使滋生任何不稳定状况也可快速按法定程序予以补救。

1. 从严治校、依法治校的必要性

从严治校就是应该按照规章制度以及学校要求和教育部门要求内容进行治校，因为建立制度是学校治理中共同所追寻的一种终极目标，旨在要求全体校内成员、师生共同遵守规则和对应法规等。上述要求是学校根据规章程序办事的依托点，其也是循序渐进开展从严治校和依法治校的过程。与此同时，从严治校、依法治校是校内成员工作和校内成员学习以及师生生活中都必须遵

守的基本行为准则。应该说，中小学制定教师工作方案即为使教师能够及时进入教师角色，又在此基础上能够按时保质完成基础性教育教学任务。学校规章制度内容在学校管理中和学校学生素质教育中起到举足轻重的作用。

从严治校，首要一点就是要不断强化学校内部管理力度，因为学校本质是教材育人，从中小学教学结构角度而言，学校归属于多层次结构系统、多结构系统、多序列结构系统，但从教育过程角度进行分析，其实质上是一项复杂劳动和长期运作劳动。按照上述教育特点我们可以看出，学校管理过程中要想达到预期教育目标和管理目的，就应该全面规范教学秩序内容和工作秩序内容以及相关生活秩序内容，学校内部规章制度是能够有效建立此类教学管理秩序的合理保障。

中小学校管理职能中以协调职能为主，同时需要及时建立规章制度予以全面协作，使中小学工作逐渐制度化以及规范化。其次从严治校和依法治校是中小学教育工作开展过程中的需要，师生以及校内员工遵守校内规章制度具有现实性意义。针对教育意义本身来讲，制定制度和遵守制度尤为重要，其是维护学校利益和维护集体利益的一种过程，从严治校风气和依法治校方案一旦形成，教育力量就会得到强化，并在不断寻求进步的基础上完善学校各个方面的改革与调整，有力促进学校综合发展。

2. 从严治校、依法治校面临的问题

现实中，部分中小学教学人员的法规体制研习意识不够强烈，经常由于主动性缺失，而无法快速跟进对应培训流程，以致后期素质考核不达标。事实上，大部分管理主体过于墨守成规，尤其在现实治校时经常产生与法律制度脱节。这类人员对于法律

程序不是十分敏感，造成后期课堂纪律大打折扣。尽管个体、小组织情面得到维护，却令学校建设实效一再受质疑。长期以来，我国中学长期存在着法律条令选择性落实的迹象，经常会选取一些见效快的内容予以大范围执行，而对存在一些难度的便会选择忽视。具体表现为违法违纪行为敷衍以对，在小恶不纠背景下酿成大患，长此以往，必定令内部成员忽视法规的重要性，不断越界滋事，使日后学校管理秩序全面紊乱。

3. 从严治校、依法治校方针和策略

新形势下，为全面贯彻党的教育方针，落实立德树人根本任务，全面深化内部改革，提升人才培养质量，广大中小学校应进一步加强从严治校、依法治校。

第一，深度构筑法治之上的规范体系架构。从严治校、依法治校文化能否在学校内部快速建立，需要通过个体树立法治思维提升效率。要加强对最新法律内容的研习掌控。要长期开展法规教学和对应实践探究式活动，为后期学校思政教育和集训培训活动提供标准、指引方向，令法治理念深入人心，督促学生时刻建立起强效的守纪意识。督促教职工时刻将守法、护法作为最高行为准则。尤其是领导主体，必须时刻自我反省，善于审视学校内部一切不良权责结构，通过整改树立起远离违反政策纪律的榜样。同时，党委、纪委必须做好党内、上下层级以及群众监督工作，争取在多位一体的标准互动氛围下，提高中小学治校事业的有机规划改革水准。

第二，完善标准化治校理念的控制能效。其一，中小学校党组织必须时刻依法决策，认真贯彻党支部领导下的校长分工负责制内容，确保阶段化议事规则和决策程序都能顺利交接，避免今

后各类议题出现任何形式的违法行为；合理防止党支部领导下的违纪违法现象。其二，行政管理机构要尽量在教学现场开展依法指导事务，将以往行程布置过满、调试要求设置过急等问题深刻改正，进一步透过源头维护基层和谐工作交流秩序。对于一些乱作为甚至不作为现象，要实施依法检验考核措施，确保问题完全梳理过后严格纠正，以获取基层群众的信任。归根结底，依法贯彻《全日制中小学校工作条例》处理一切学校教育、管理和建设事务，使得全过程下的筹划部署、组织实施更加健全。这一切的行为细节都是依法治校下的学校运转的基本途径。其三，教师要学会依法履职。如今中小学颁布的管理法令条文，在处理不同层级岗位职责、工作行为规范事务上，都已经作出足够严明的规范，为今后教师依法履职提供必要的疏导性依据。也就是说，如今不同层级主管在强化教育引导前提条件下，更应该学会点滴养成规则，确保对学校内部一切违法违纪行为进行严密查处，至此才能强化整体法纪观念和号令意识，确保学校教师个体都深刻掌握整改要求和未来责任，务必循规蹈矩、遵纪守法。

第三，利用刚性落实手段有效提升依法治校的综合执行力度。首先，校长带头依法治理学校。如今，教育法规是中小学教职员工改造意识彰显的标准途径。我国改革开放以来，教育法治化程度不断提升。拿《中华人民共和国教育法》来讲，其基本上使我国教育工作从长期以来的主要依据政策文件轨道。《中华人民共和国教育法》也是学校制定规章制度、依法治校的基本法律依据。这里强调的依法治校，就是要求学校管理者特别是校长依照国家的法律，教育法规、政策来管理学校。在执法过程中，任何人，包括校长在内，都不能违反教育法规，严格做到"有法可依、有法必依、执法必严、违法必究"，从而使学校工作走上法治化、规范化的道路。其次，中小学教师各项职责义务履行意识有效提升。教师必须遵守职业道德，为人师表；贯彻国家教育方针，遵守规章制度，遵守聘约，完成教育教学任务；对学生进行各种有益的教育，组织、带领学生开展社会活动；关心、爱护学生，尊重学生人格；制止侵犯学生合法权益的行为；不断提高教育教学水平。学校的管理者是负有领导责任的。校长必须加强对教师的法律宣传，教育、督促教师依法履行义务，在全校形成依法施教的良好氛围；要建立简明、科学、公正的教师评估方案，把是否依法履行教师职业义务作为考核教师的重要标准；要建立有效的激励机制，促使教师积极履行法定义务。

第四，依法合规推进党务公开、校务公开。党务公开、校务公开作为学校民主管理的重要组成部分，在学校管理过程中发挥着不可替代的作用，其对于实现依法科学治校，形成行为规范、运转协调、公正透明、廉洁高效的管理体制，充分保障师生和社会民众的知情权、参与权、表达权和监督权等具有重要的作用和意义，对于建设民主管理体制、构建和谐校园将产生积极而深远的影响。对党务公开、校务公开，要实行齐抓共管、联动互促、稳步推进，做到以公开促公平，以公平促和谐，以和谐促发展。一要始终把党务公开、校务公开作为学校发展的全局性、战略性工作列入重要议事日程，积极探索校务公开工作新举措，提高学校管理的民主化水平，促使学校进一步转变职能，更好地适应新形势下改革和发展的要求。党政部门要共同推进学校的校务公开，确保学校各方面工作在阳光下运行。二要积极推进党务公开。建立和完善党内情况通报制度。重点公开学校党的重大活动情况、重要决策情况、干部选拔任用情况、党费收缴使用管理情况、党组织换届调整情况、党内奖惩情况等。公开党内重大决策、重要干部任免和涉及党员、群众切身利益的重大问题等党内事务，应按先党内后党外的顺序进行公开。三要全面提升校务公开的制度化和规范化水平，进一步加大公开力度，制定校务公开目录和公开指南，扩大并细化公开内容，丰富创新公开形式。四要从学校发展的大局出发，从长远的角度，界定清楚各部门的工作职责、职权、工作原则，制订好工作计划，加强党务公开、校务公开和依法治校工作之间的协调，解决好部门与部门工作中的交叉关系，及时处理工作中出现的矛盾和问题，提高工作的效率，保证校务公开和依法治校工作的顺利开展。五要坚持发扬民主，充分依靠全校教职员工，调动群众参与校务民主管理的积极性，充分运用好教代会和校园传媒等校务公开载体，提高党务公开、校务公开的实效性。不断探索创新党务公开、校务公开的运作方式和传播、反馈渠道，健全完善决策咨询机制，力求将党务公开、校务公开工作落到实处，形成行之有效、形式多样的运作模式。

附录一：案例参考

人大附中朝阳学校：
党建引领成就最好的学生和老师

2020年11月，中国人民大学附属中学朝阳学校（简称人大附中朝阳学校）被中央精神文明建设指导委员会授予第二届"全国文明校园"荣誉称号。这是继"全国生态文明教育示范校""全国语文教师专业化发展工程基地校""首都文明校园""北京市优质高中校"等一系列荣誉之后，人大附中朝阳学校获得的又一殊荣。

荣誉的背后，还有这样一组数据。学校在各级各类比赛中，获得国际奖项40多项次、国家级奖项1000余项、市级奖项近800项。尤其是近三年来，中考高分段成绩稳居北京市朝阳区第一，高考成绩同样名列北京市朝阳区前列，成为一所家长满意的好学校，成为学子们心向往之的优质名校。

人大附中朝阳学校在创办、发展的进程中，以新思路、新机制、新手段谋划和推进学校党建工作，充分发挥党组织的战斗堡垒作用和党员的先锋模范作用，与学校中心工作有机融合，成就最好的学生和老师，成为一所老百姓家门口的好学校。

2014年11月，邓跃茂担任人大附中朝阳学校党总支书记。他提出，学校党建工作是落实立德树人任务的加油站，在学校发展过程中要起到催化剂、润滑剂、添加剂的作用，更要潜移默化，润物细无声。

六年来，邓跃茂坚持以高质量党建引领学校高质量发展，以"党建与教育教学质量提升双推进"为工作目标，以"围绕教育抓党建，抓好党建促教育"为总体工作思路，致力于打造学习、服务、带动、创新、立制"五位一体"的党建品牌。人大附中朝阳学校被授予"朝阳区教育系统党建示范点"，多次被评为朝阳区"先进党组织"，他本人则连续 5 年荣获校级正职干部考核优秀奖。

2016 年 9 月，邓跃茂开始攻读中国社会科学院中共党史专业博士研究生，其研究方向为"立德树人——新中国成立以来中小学思想道德建设研究"。

早在 2012 年，党的十八大报告首次提出，把立德树人作为教育的根本任务。从那个时候起，邓跃茂就开始认真思考立德树人背后的深刻内涵和重大意义。作为一名基础教育工作者，他习惯于从教育的角度，来理解国家层面的顶层设计、制度建设和理念创新。

邓跃茂清醒地认识到，青少年阶段是人生的拔节孕穗期，是世界观、人生观、价值观形成的关键时期，这一时期需要引导学生扣好人生第一粒扣子。立德树人理念的提出，让他有机会从更宽广的视野，以更多维度的视角，来审视中小学生的思想道德教育。他先后在《中共中央党校学报》《西北师大学报》《党建》《人民教育》《中小学管理》等报刊发表 20 多篇文章。

《左传》中讲："太上有立德，其次有立功，其次有立言，虽久不废，此之谓不朽。"邓跃茂从思想文化源流、近代以来中西方文化的相互激荡、思想理论和历史承接的直接关系等三个方面分析了新中国中小学思想道德教育的传承、影响和孕育，以立德树人的理论与实践为主线，研究考察了新中国成立以来中小学思想道德教育发展的三个阶段，总结出五条主要经验和五个重要启示，为新时代中小学思想道德教育落实立德树人根本任务提供政策制定的历史借鉴和参考依据。

2019 年 6 月，邓跃茂从中国社会科学院研究生院毕业，获得法学博士学位。2020 年 1 月，他的专著《立德树人——成就最好的学生和老师》出版发行。该书基于中小学思想道德教育的政策演进视角，来呈现自新中国成立以来从立德与树人到立德树人的思想演进过程，深入解读和剖析了新时代立德树人的理论内涵与实践成效，揭示了其在新时代中国特色社会主义教育思想中的关键性作用。

邓跃茂自 1995 年大学毕业参加工作以来，经历了改革开放事业不断推进、不断深化的时期。适逢人大附中在校长刘彭芝带领下向"国内领先、国际一流"目标迈进的关键时期，邓跃茂看到了中国经济持续发展所创造的令人瞩目的奇迹，亲历了一所名校迅速崛起的过程，也见证了日益强大的中国逐渐走近世界舞台中央的历史进程。

如何才能做好一所学校的党总支书记？邓跃茂认为，第一，书记必须思想占位要高，肩负起党的路线、方针、政策在基层学校的贯彻和落实，做好执行者、落实者和宣传者。第二，要凝心聚力，积极依靠群体的力量，要摆正自己的位置，实实在在、脚踏实地去做事，要诚心诚意、心甘情愿地去做好服务的工作。第三，要积极开展理论学习和党建研究，创新工作载体，为党员干部教师搭台子、压担子，让优秀人才脱颖而出。

邓跃茂强调，无论是"培养什么人"，还是"怎样培养人""为谁培养人"，都涉及一个关键问题——"谁来培养人"。教师是学校发展的第一资源，中小学校党组织要把提高教师思想政治素质和职业道德水平摆在首要位置，培养一支政治过硬、教育教学水平高超的党员干部教师队伍，以人格魅力引导学生心灵，以学术造诣开启学生的智慧之门。

理论上要清醒　行动上要坚定

师资队伍建设一直是人大附中朝阳学校发展的关键。学校以各种方法激发党员教师的教育情怀，以"开创人朝历史，缔造人朝辉煌，打造全国一流名校"的目标激励教师，以"爱与尊重"的教育思想引导教师，初步形成了"拼搏奋进、团结协作、科学实干、勇于创新"的人朝教师精神，培养学生成为具有"良好习惯、强健体魄、健全人格、高尚品德、爱国情怀、创新精神"的现代公民。

邓跃茂认为，理论上清醒，行动上才能够坚定，与时俱进地更新育人理念，把握好育人的方向，才能站在更高的层面来思考教育的方向和本质，做好"四个引路人"。

学校党总支定期邀请国内党建方面的理论专家进行专题讲座，共有来自中央党校、北京大学、清华大学、中国人民大学、教育部、中国社会科学院、国务院、中央纪委、中组部等单位的30多位专家学者，先后为全体党员教师作了《国学传统与当下人生》《宪法在法治体系中的核心作用》《我是谁：如何正确认识中国共产党》《大国迈向强国之路》等一系列学术报告，让老师们站在更高的层面思考现实的教育教学问题。

学校不断完善和规范党员教师的听课评课制度，监督听课评课质量，激励党员教师主动深入课堂教学，积极发挥示范引领作用。充分挖掘社会资源，把专家请进来给教师们开讲座，或者让教师走出去，开拓视野，增长见识，更新教育理念，促进教师的专业发展。

在人大附中朝阳学校，每一位党员的办公桌上设立有"亮身份名片"，时刻提醒自己"我是党员"，要"不忘初心、牢记使命"。学校还建立起党员教师和普通教师一对一互助机制，在学习和工作中加强交流和沟通，在互帮互助中加深感情，在团结协作中实现共同成长。每年定期举行师徒结对仪式，促进青年教师快速成长。

通过制定并实施《初心行动计划》和《使命行动计划》，探索出打造师德高尚、业务精湛、结构合理、充满活力的高素质教师队伍的培养途径，探索出培养担当民族复兴大任的时代新人方案。

在学校党总支的引领下，学校立足于 10 个支部，尝试构建"党支部—年级组—备课组"三位一体的育人模式。发挥党总支微信公众号的功能，让党员教师方便快捷地在平台上交流学习体会和育人感悟，展示教师的育人风采和感人事迹。定期举行主题党员活动，以支部为单位组织策划实施，或者以支部之间联合的形式举办。

高中部三个党支部联合组织党员来到焦庄户地道战遗址纪念馆参观学习，感受到中国人民在中国抗日战争时期的伟大力量，从被动的躲藏，发展到能打能藏，防水、防火、防毒的地下工事，充分展现了中国军民的伟大智慧。

初中三个党支部联合开展"美以养性，德以立人，走进觿堂当代艺术馆"主题党日活动，旨在通过欣赏艺术展出，进行深入的文化品德和美育的熏陶，引发老师们深入的思考，并进行自查和自省，更加注重学生的品德形成和全面发展。

在对班主任和任课老师的培训中，社会主义核心价值观不仅要入脑入心，还要体现在日常的教育教学行为之中，体现在课堂教学的点点滴滴。

在人大附中朝阳学校，开展"名家进校园"系列讲座活动，使人朝学子兼容并蓄、博采众长，开阔他们的视野，构建他们广博的胸襟。开展"校园讲坛系列"活动，不仅请来校外专家、本校教师作为主讲人，还激励高中学子选择自己喜欢而且有专长的主题登上讲坛，让学生自己来办讲座，激发起师生们的兴趣。

学校还邀请老红军、抗美援朝老兵给学生们讲故事，回忆那段艰苦奋斗的岁月，他们用青春抒写救亡图存的历史，他们用血肉挑起民族自强的脊梁，让学生们了解解放军战士的坚强和无畏，感知幸福生活的来之不易。

榜样的力量

邓跃茂认为，学校党组织的作风能深刻反映出一个学校的精神，也决定着这个学校的师风、教风和学风。党员教师应该站在时代前列，做"四有"好教师，用坚定的信念、崇高的理想、高尚的人格给广大教师树立榜样，为学生树立标尺，做好"四个引路人"，成就最好的学生。

在人大附中朝阳学校每学年召开的"七一"表彰大会上，一大批优秀党员教师集体亮相，成为校园一道亮丽的风景。

2019 年 10 月 1 日，人大附中朝阳学校 392 名师生参加了庆祝中华人民共和国成立 70 周年群众游行活动。作为压轴出场的方阵，他们在核心区停留、表演的时间最长，他们迈出整齐有力的步伐，高呼着"自由、生动、活泼、欢愉"的口号，接受党和人民的检阅。

自 2014 年 5 月至今，学校党总支和工会每年开展"我身边的榜样""立德树人楷模""师德标兵"评选活动；每年开展"寻找身边的榜样"大型表彰活动，设立文明礼仪奖、爱心奉献奖、团结友爱奖、奋进自强奖等，突出对学生情感、态度、价值观的培养，加强对学生内心世界的塑造。学校和年级为获奖学生、先进集体颁发荣誉证书，同时把获奖学生、先进集体的事迹通过表彰大会、网络、展板、橱窗等进行广泛宣传。

邓跃茂表示："榜样把人生的目标变成鲜活的形象，要让远大理想、优良品格、高尚人格在校园里生动展现出来。学校一直以'四有教师'为标准，以'四个引路人'为目标，成就了一大批好老师。鼓励学生争当先进，树立起一大批各类型的优秀学生，成为全校学生学习和借鉴的榜样。"

让阳光温暖每一个教师

2015 年 4 月 19 日，人大附中朝阳学校举办第一届"教职工生日幸福聚会活动"，108 位一月至四月生日的教职工齐聚一堂，往日简单普通的教工餐厅变得格外欢腾，处处弥漫着幸福的味道。

邓跃茂致辞，为在座的 108 位"寿星"送上温馨的祝福，他带领大家点燃了生日蜡烛。烛光中，大家闭上眼睛，共同对着蛋糕上的蜡烛许愿，那一瞬间，时间似乎停止，只有五彩缤纷的愿望在闪闪发光。从此，"人朝生日幸福聚会"成为学校一个经典节目，以春夏秋冬四季为时间节点，每年举办四次，为老师送上生日祝福。

人大附中朝阳学校建立了党员联系群众制度，广泛地团结非党员群众，帮助他们解决困难，增强教师的使命感和责任感。建立了排解教职工困难工作台账，由学校党总支书记亲自负责，解决全校教职工遇到的子女教育、就医等问题。

杨老师的小孩患有先天性心脏病需要进行手术，小孩的血型极为罕见，急需要找到匹配的血型，而且住院的事情要也尽快解决。学校党总支了解到这个情况后，第一时间解决了孩子的住院问题，帮助杨老师找好了医生，动员社会力量从红十字会调拨匹配的血源，使手术得以顺利进行。

这样的故事很多。人大附中朝阳学校的党建引领不仅体现在统一思想和组织动员上，还体现在细致周到的服务上，给老师们家的温暖，解决了他们的后顾之忧。

创新焕发新活力

2020 年 4 月，人大附中朝阳学校"中小学党组织落实立德树人根本任务的实践研究"课题正式立项。

人大附中朝阳学校抓住党建引领落实立德树人根本任务这一工作主线，明确"党建引领立德树人、铸魂育人、环境育人、管理育人、服务育人、课题育人、课堂育人、文化育人"的培养目标，探究"师德高尚、业务精湛、结构合理、充满活力的高素质教师队伍"的培养模式，发现和总结科学的教育规律，探索构建科学合理的评价体系，实现育人模式的长期稳定发展。

在课题研究的过程中，人大附中朝阳学校 10 个党支部和 305 名党员教师全部参与进来。学校党总支委员和支部书记带头走进课堂，深入一线，以工作中的实际问题为切入点，创建党建研究课题，每年以论文的形式提交研究成果。

高二年级支部的冯怡老师开展了"心理资本理论在学校德育中应用的可行性研究"，通过对心理资本理论以及学生心理资本提升等内容的研究，结合学校实际，将心理资本理论校本化，培养学生的勇气、毅力、宽容和创造性，达到培养和提升学生心理资本的目的。

高三年级支部高传利老师的研究课题是在教学中落实立德树人。他结合语文学科特点，带领学生从古代文化散文中汲取营养，从现当代文艺作品中汲取营养，从时代楷模的精神中汲取营养，将党的教育方针落地生根，促进学生的全面健康发展。

高一年级支部的梁德娟老师通过生动的案例，阐释了班主任如何将立德树人落实于每天的教书育人之中，如何在"尊重学生个性"与"引导学生遵守规则"之间把握分寸，培养德才兼备、担当重任的社会主义建设者和接班人。

在党建各领域工作中，党建研究是扎实推进党的建设的重要基础。人大附中朝阳学校牢牢把握党建研究的正确方向，党建研究课题与学校优质发展紧密结合，聚焦自身建设，切实增强党员教师的政治责任感和历史使命感，努力创造一批高质量的研究成果，着力打造一支高素质的干部教师队伍。

党建引领实现常态化

自 2017 年 3 月，人大附中朝阳学校尝试把互联网与学校党建工作结合起来，开始实施党建平台建设方案。该方案以党的十八届六中全会精神为指导，以学校党建特色化建设为主线，以深入推进创先争优和党建示范校创建活动为动力，突出学校党建工作的转型创新，服务于教师专业成长，全面提升学校党组织建设科学化水平，实现了党建工作和党建引领的常态化，使学校党组织真正成为学习型、服务型、创新型党组织。

人大附中朝阳学校的党建平台由宣传展示门户和党建系统两个部分组成。宣传展示门户对外开放，是党建信息、学校党建思想成果展现的载体，同时也是党建文化传播的窗口。党建系统是集"教育学习""思想互动""集中管理"为一体的信息化党建系统，由党建通知、个人空间、学习资源、我的党课、廉政建设、支部生活、入党申请和平台管理8大模块构成。党建平台按照党组织结构进行管理，从用户实际需求出发，充分考虑不同用户的职责和内容，设置科学合理的功能权限。

通过创建党建平台，人大附中朝阳学校探索符合时代特点的党建工作新方法，探索党建工作服务于教育教学发展的新途径，进一步巩固和扩大创先争优活动的成果，充分发挥党建工作对教育教学工作的推动作用，使党建平台的创建成为促进学校各项工作发展的强大动力。

2021年，是中国共产党成立100周年，也是人大附中朝阳学校建校十周年。一所新建校不仅圆满完成了"名校办分校"的预期目标，还初步实现了"分校创名校"的办学追求。人大附中朝阳学校的实践证明：生动活泼、特色鲜明、亮点纷呈的党建工作，能够成就最好的学生和老师，促使党建优势转化为学校发展优势，促进党建资源转化为学校发展资源，推动学校的内涵发展和办学质量的迅速提升。

（资料来源：中宣部"学习强国"学习平台
2021年3月11日，作者：陈达）

中共中央组织部 中共教育部党组
关于印发《关于加强中小学校党的建设
工作的意见》的通知

中组发〔2016〕17号

各省、自治区、直辖市党委组织部、教育工作部门、教育厅（教委），中央和国家机关各部委、各人民团体组织人事部门，新疆生产建设兵团党委组织部、教育局，部分高等学校党委：

现将《关于加强中小学校党的建设工作的意见》印发给你们，请结合实际认真贯彻执行。

中小学校担负着培养德智体美全面发展的社会主义建设者和接班人的重要使命。加强中小学校党的建设，对于全面贯彻党的教育方针、保证社会主义办学方向、落实立德树人根本任务、办好人民满意的教育，具有重要意义。各级党委和有关部门要按照全面从严治党要求，推进中小学校党组织和党的工作全覆盖，增强党组织政治功能，充分发挥组织力。要选优配强党组织书记，做好发展党员和党员教育管理工作，抓好德育和思想政治工作，全面提升党组织建设水平。要健全完善党建工作管理体制，强化领导指导责任，加强基础保障，确保中小学校党的建设各项任务落地见效。

贯彻执行中的重要情况和建议，请及时报告中央组织部和教育部党组。

中共中央组织部

中共教育部党组

2016 年 6 月 19 日

关于加强中小学党的建设工作的意见

中小学教育是国民教育体系的基础，担负着培养德智体美全面发展的社会主义建设者和接班人的重要使命。加强中小学校党的建设，对于全面贯彻党的教育方针、保证社会主义办学方向、落实立德树人根本任务、办好人民满意的教育，具有重要意义。近年来，中小学校党建工作取得明显成效，但也存在着不少薄弱环节和突出问题，一些学校党组织和党的工作覆盖还有空白点，党组织隶属关系不规范，政治功能弱化，党员教育管理松散，思想政治工作薄弱，等等。为落实全面从严治党要求，切实加强中小学校党的建设，充分发挥学校党组织战斗堡垒作用和党员先锋模范作用，根据党章和有关法律法规，现提出如下意见。

一、充分发挥中小学校党组织政治核心作用

1. 中小学校党组织是党在学校中全部工作和战斗力的基础，发挥政治核心作用，全面负责学校党的思想、组织、作风、反腐倡廉和制度建设，把握学校发展方向，参与决定重大问题并监督实施，支持和保证校长依法行使职权，领导学校德育和思想政治工作，培育和践行社会主义核心价值观，维护各方合法权益，推动学校健康发展。

（1）全面贯彻执行党的理论和路线方针政策，贯彻执行党的教育方针，引导监督学校遵守国家法律法规，依法治校、规范管理，确保正确办学方向。

221

（2）参与讨论决定学校发展规划、重要改革、财务预决算和教学科研、招生录取、基本建设等方面的重大事项，以及涉及师生员工切身利益的重要问题。

（3）坚持党管干部原则，在选人用人中发挥主导作用，负责学校内设机构负责人的教育培养和选拔任用，协助上级党组织做好学校领导人员的教育管理监督等工作。

（4）坚持党管人才原则，参与讨论决定人才工作政策措施，会同有关方面做好各类人才培养、引进、使用、管理、服务和奖惩工作，对教职工聘用考评、职称评审等提出意见。

（5）坚持立德树人、德育为先，做好思想政治工作和意识形态工作，开展社会主义核心价值观教育，加强学校文化和精神文明建设，推动形成良好校风教风学风。

（6）完善学校党组织设置和工作机制，创建学习型服务型创新型党组织，扩大党内基层民主，严格党内组织生活，做好发展党员和党员教育管理服务工作。

（7）领导学校党的纪律检查工作，落实党风廉政建设责任制，严格执行《中国共产党廉洁自律准则》《中国共产党纪律处分条例》等规定，加强对违纪违法问题的预防、监督和查处。

（8）领导工会、共青团、少先队等群团组织和教职工大会（代表大会），做好统一战线工作。

2. 建立党组织参与决策和监督、有效发挥作用的制度机制。完善领导班子配备方式，推行党组织与行政领导班子成员双向进入、交叉任职，保证党组织在重大事项决策中的地位。健全议事决策制度，明确党组织参与决策具体内容和程序，规范党组织会议、党政联席会议制度，按照民主集中制原则集体讨论决定重要事项。健全沟通协调机制，对重大议题和事项，党组织与行政领导班子成员要充分沟通酝酿、形成共识。定期组织党员、教职工代表等听取校长工作报告和重大事项情况通报，保证对决策实施的监督。对不符合党的路线方针政策、国家法律法规或不按程序决策的做法，党组织要及时提出意见或向上级党组织报告。

3. 边疆地区、民族地区已明确实行党组织领导下的校长负责制的中小学校，党组织要加强对学校各项工作、各类组织的领导，积极探索发挥领导核心作用的有效途径。

二、健全完善中小学校党建工作管理体制

4. 明确管理主体。按照与教育管理体制相适应、管党建党业务相结合的原则，中小学校党建工作一般由县级以上地方党委教育工作部门或教育行政部门党组织统一领导和指导。

5. 规范隶属关系。中小学校党组织关系一般隶属于市、县级党委教育工作部门或教育行政部门党组织，所在乡镇（街道）、村（社区）党组织协助管理。高等学校等单位和部门举办的中小学校，其党组织关系一般由举办单位和部门党组织管理，所在地方党委教育工作部门或教育行政部门党组织协助管理。

6. 健全工作制度。各级党委教育工作部门或教育行政部门党组织要加强对中小学校党建工作的指导、督促和检查，纳入教育督导内容，与教育教学业务同部署、同落实、同考评。建立党建工作联席会、例会等制度，加强直接联系和分类指导，推动工作落实。

三、全面提升中小学校党组织建设水平

7. 推进党组织和党的工作全覆盖。加大党组织组建力度，有3名以上正式党员的学校，都要单独建立党组织，并按期进行换

届。正式党员不足 3 人的学校或偏远地区的农村学校（教学点），可就近就便与其他学校建立联合党组织，也可挂靠乡镇（街道）、村（社区）党组织。暂时没有党员的学校，要通过调剂或聘任党员教师、选派党建指导员等措施，推动尽快建立党组织。新建学校，应同步谋划党组织组建和党的工作开展。

8. 选优配强党组织书记。注重选拔党性强、懂教育、会管理、有威信、善于做思想政治工作的优秀党员干部担任党组织书记。党组织书记一般应具备教师资格，经过学校党务和行政岗位锻炼。推行党组织书记、校长"一肩挑"，办学规模大、党员人数多的学校，应配备熟悉党务工作、有较强组织协调能力的同志担任党组织专职副书记，全力抓好党建工作。党组织书记和校长分设的，党组织书记一般应兼任副校长，党员校长一般应兼任副书记。学校没有党组织书记合适人选的，可由上级党组织选派。对不胜任工作的党组织书记，要按有关规定及时进行调整。

9. 创新党组织活动内容方式。把党组织工作融入学校教育教学各项工作中，防止"两张皮"。建立党组织班子成员和党员联系服务师生员工制度，组织党员老教师、教学骨干与年轻教师结对子。实施党员名师工程，组织党员承诺践诺，开展岗位建功、教学竞赛、建言献策等活动。积极运用现代信息技术手段开展党组织活动，增强活动影响力吸引力。

10. 做好发展党员和党员教育管理工作。严格党员标准，抓好入党积极分子培养，重视发展优秀青年教师、学科带头人入党，健全把骨干教师培养成党员、把党员教师培养成教学管理骨干的"双培养"机制。组织党员认真学习党章党规，学习习近平总书记系列重要讲话，增强党性、提高素质。强化对党员的日常管理、组织关系管理，落实"三会一课"、民主生活会和组织生活会、党员党性分析和民主评议、党员活动日等制度，及时稳妥处置不合格党员。落实谈心谈话、走访慰问、帮扶救助等制度，注重帮助生活困难党员和老党员解决实际问题。

11. 强化对党务工作者培训和激励。把中小学校党务工作者纳入基层党务干部培训范围，加强党规党纪、党建工作、学校管理、廉洁自律等知识和能力培训。抓好党组织书记任职培训、业务培训和专题培训，每年至少集中培训 1 次。完善激励政策，党组织书记（副书记）与校长（副校长）在岗位等级确定、考核奖励、待遇落实等方面同等对待。专职党务工作人员比照学校同级行政管理人员落实相关待遇，兼职党务工作者应计算工作量。优秀党务工作者、优秀共产党员应与同级表彰的优秀教育工作者、优秀教师等享受同等待遇。

四、把抓好德育和思想政治工作作为中小学校党组织重要任务

12. 抓好学生德育工作。建立党组织主导、校长负责、群团组织参与、家庭社会联动的德育工作机制。党组织要经常研究分析学生思想道德状况，跟进做好有关工作；党组织书记要把德育工作抓在手上，推动解决重要问题。把社会主义核心价值观融入教育教学全过程，促进学生养成良好思想品德和行为习惯。抓好教室、寝室、图书馆、食堂和网络等思想文化阵地建设与管理，及时解决学生实际困难和苗头性倾向性问题，使德育工作融入学生日常学习生活，促进全员、全过程、全方位育人。

13. 做好教职工思想政治工作。深入开展中国特色社会主义和中国梦宣传教育，加强党史国史和形势政策教育，引导教职工

增强政治认同和教书育人责任感。建立常态化的政治理论学习制度，每月至少组织 1 次教职工政治学习。加强人文关怀和心理疏导，定期分析教职工思想动态，积极为教职工排忧解难。

14. 推进师德师风建设。强化社会公德、职业道德、家庭美德、个人品德教育，注重培育宣传师德标兵、教学骨干和优秀班主任、德育工作者等先进典型，引导教师争做有理想信念、有道德情操、有扎实学识、有仁爱之心的好老师。坚持课堂讲授有纪律，严禁在教育教学活动中有反对党的领导、反对中国特色社会主义制度、有损国家利益和不利于学生健康成长的言行。实行师德"一票否决制"，把师德表现作为教师资格注册、年度考核、职称评审、岗位聘用、评优奖励的首要标准。对教师体罚学生、收受礼品礼金等行为，要批评教育、责令改正；道德败坏、造成不良影响的，按照有关规定严肃处理。对违反师德行为监管不力的，追究党组织书记和行政负责人的责任。

五、切实加强对中小学校党建工作的领导

15. 构建责任明晰、协调推进的工作格局。各级党委要认真履行主体责任，加强领导和指导，每年至少听取 1 次中小学校党建工作情况汇报。党委组织部门要统筹协调，强化督促指导；党委教育工作部门或教育行政部门党组织要负起直接责任，明确专门内设机构和人员，上下联动、具体指导。要立足各类中小学校实际，研究制定党建工作办法措施，防止"一刀切"。加强与宣传、财政、人力资源社会保障等部门的沟通协调，形成工作合力。健全有关部门和学校党组织抓党建述职评议考核制度，落实问题清单、任务清单、责任清单。对中小学校党建工作不抓不

管、出现严重问题的，严肃问责追究。

16. 加强基础保障。中小学校要根据办学规模、党员人数等，设立党组织工作机构，配强工作力量。党建工作经费要纳入学校年度经费预算安排。上级党委可按留存党费的一定比例下拨中小学校，用于党组织活动。整合利用学校现有场所，建立党员活动室、学习室，并配备必要设施。注重将人财物等资源向农村偏远地区和党建基础薄弱的中小学校倾斜，健全城乡中小学校党组织互联互帮机制，倡导学校与机关、企事业单位、乡镇（街道）、村（社区）党组织结对共建、资源共享、共同发展。

本意见适用于公办中小学校（含中等职业学校）、公办幼儿园参照执行。各地区各有关部门要结合实际，提出贯彻落实的具体措施和办法。

新时代中小学教师职业行为十项准则

　　教师是人类灵魂的工程师，是人类文明的传承者。长期以来，广大教师贯彻党的教育方针，教书育人，呕心沥血，默默奉献，为国家发展和民族振兴作出了重大贡献。新时代对广大教师落实立德树人根本任务提出新的更高要求，为进一步增强教师的责任感、使命感、荣誉感，规范职业行为，明确师德底线，引导广大教师努力成为有理想信念、有道德情操、有扎实学识、有仁爱之心的好老师，着力培养德智体美劳全面发展的社会主义建设者和接班人，特制定以下准则。

　　一、坚定政治方向。坚持以习近平新时代中国特色社会主义思想为指导，拥护中国共产党的领导，贯彻党的教育方针；不得在教育教学活动中及其他场合有损害党中央权威、违背党的路线方针政策的言行。

　　二、自觉爱国守法。忠于祖国，忠于人民，恪守宪法原则，遵守法律法规，依法履行教师职责；不得损害国家利益、社会公共利益，或违背社会公序良俗。

　　三、传播优秀文化。带头践行社会主义核心价值观，弘扬真善美，传递正能量；不得通过课堂、论坛、讲座、信息网络及其他渠道发表、转发错误观点，或编造散布虚假信息、不良信息。

　　四、潜心教书育人。落实立德树人根本任务，遵循教育规律和学生成长规律，因材施教，教学相长；不得违反教学纪律，敷衍教学，或擅自从事影响教育教学本职工作的兼职兼薪行为。

五、关心爱护学生。严慈相济，诲人不倦，真心关爱学生，严格要求学生，做学生良师益友；不得歧视、侮辱学生，严禁虐待、伤害学生。

六、加强安全防范。增强安全意识，加强安全教育，保护学生安全，防范事故风险；不得在教育教学活动中遇突发事件、面临危险时，不顾学生安危，擅离职守，自行逃离。

七、坚持言行雅正。为人师表，以身作则，举止文明，作风正派，自重自爱；不得与学生发生任何不正当关系，严禁任何形式的猥亵、性骚扰行为。

八、秉持公平诚信。坚持原则，处事公道，光明磊落，为人正直；不得在招生、考试、推优、保送及绩效考核、岗位聘用、职称评聘、评优评奖等工作中徇私舞弊、弄虚作假。

九、坚守廉洁自律。严于律己，清廉从教；不得索要、收受学生及家长财物或参加由学生及家长付费的宴请、旅游、娱乐休闲等活动，不得向学生推销图书报刊、教辅材料、社会保险或利用家长资源谋取私利。

十、规范从教行为。勤勉敬业，乐于奉献，自觉抵制不良风气；不得组织、参与有偿补课，或为校外培训机构和他人介绍生源、提供相关信息。

教育部等七部门印发《关于加强和改进新时代师德师风建设的意见》的通知

教师〔2019〕10号

各省、自治区、直辖市教育厅（教委）、党委组织部、党委宣传部、发展改革委、财政厅（局）、人力资源社会保障厅（局）、文化和旅游厅（局），新疆生产建设兵团教育局、党委组织部、党委宣传部、发展改革委、财政局、人力资源社会保障局、文化体育广电和旅游局，有关部门（单位）教育司（局），部属各高等学校、部省合建各高等学校：

为深入贯彻落实习近平总书记关于教育的重要论述和全国教育大会精神，落实《新时代公民道德建设实施纲要》和《中共中央 国务院关于全面深化新时代教师队伍建设改革的意见》，加强和改进新时代师德师风建设，倡导全社会尊师重教，教育部、中央组织部、中央宣传部、国家发展改革委、财政部、人力资源社会保障部、文化和旅游部研究制定了《关于加强和改进新时代师德师风建设的意见》，现印发给你们，请结合实际认真贯彻执行。

教育部 中央组织部 中央宣传部
国家发展改革委 财政部
人力资源社会保障部 文化和旅游部
2019年11月15日

关于加强和改进新时代师德师风建设的意见

为认真贯彻落实《新时代公民道德建设实施纲要》，深入推进实施《中共中央 国务院关于全面深化新时代教师队伍建设改革的意见》，全面提升教师思想政治素质和职业道德水平，现就加强和改进新时代师德师风建设提出如下意见。

一、加强师德师风建设的总体要求

1. 指导思想。以习近平新时代中国特色社会主义思想为指导，深入学习贯彻习近平总书记关于教育的重要论述和全国教育大会精神，把立德树人的成效作为检验学校一切工作的根本标准，把师德师风作为评价教师队伍素质的第一标准，将社会主义核心价值观贯穿师德师风建设全过程，严格制度规定，强化日常教育督导，加大教师权益保护力度，倡导全社会尊师重教，激励广大教师努力成为"四有"好老师，着力培养德智体美劳全面发展的社会主义建设者和接班人。

2. 基本原则

——坚持正确方向。加强党对教育工作的全面领导，坚持社会主义办学方向，确保教师在落实立德树人根本任务中的主体作用得到全面发挥。

——坚持尊重规律。遵循教育规律、教师成长发展规律和师德师风建设规律，注重高位引领与底线要求结合、严管与厚爱并重，不断激发教师内生动力。

——坚持聚焦重点。围绕重点内容，针对突出问题，强化各地各部门的领导责任，压实学校主体责任，引导家庭、社会协同配合，推进师德师风建设工作制度化、常态化。

——坚持继承创新。传承中华优秀师道传统，全面总结改革开放特别是党的十八大以来师德师风建设经验，适应新时代变化，加强创新，推动师德师风建设工作不断深化。

3. 总体目标。经过5年左右努力，基本建立起完备的师德师风建设制度体系和有效的师德师风建设长效机制。教师思想政治素质和职业道德水平全面提升，教师敬业立学、崇德尚美呈现新风貌。教师权益保障体系基本建立，教师安心、热心、舒心、静心从教的良好环境基本形成，师道尊严进一步提振。全社会对教师职业认同度加深，教师政治地位、社会地位、职业地位显著提高，尊师重教蔚然成风。

二、全面加强教师队伍思想政治工作

4. 坚持思想铸魂，用习近平新时代中国特色社会主义思想武装教师头脑。健全教师理论学习制度，开展习近平新时代中国特色社会主义思想系统化、常态化学习，重点加强习近平总书记关于教育的重要论述的学习，使广大教师学懂弄通、入脑入心，自觉用"四个意识"导航，用"四个自信"强基，用"两个维护"铸魂。依托高水平高校建设一批教育基地，同时统筹党校（行政学院）资源，定期开展教师思想政治轮训，使广大教师更好掌握马克思主义立场观点方法，认清中国和世界发展大势，增进对中国特色社会主义的政治认同、思想认同、理论认同、情感认同。

5. 坚持价值导向，引导教师带头践行社会主义核心价值观。

将社会主义核心价值观融入教育教学全过程，体现到学校管理及校园文化建设各环节，进一步凝聚起师生员工思想共识，使之成为共同价值追求。弘扬中华优秀传统文化、革命文化和社会主义先进文化，培育科技创新文化，充分发挥文化涵养师德师风功能。身教重于言教，引导教师开展社会实践，深入了解世情、党情、国情、社情、民情，强化教育强国、教育为民的责任担当。健全教师志愿服务制度，鼓励支持广大教师参加志愿服务活动，在服务社会的实践中厚植教育情怀。重视高层次人才、海外归国教师、青年教师的教育引导，增强工作针对性。

6. 坚持党建引领，充分发挥教师党支部和党员教师作用。建强教师党支部，使教师党支部成为涵养师德师风的重要平台。建好党员教师队伍，使党员教师成为践行高尚师德的中坚力量。重视在高层次人才和优秀青年教师中发展党员工作，完善学校领导干部联系教师入党积极分子等制度。开展好"三会一课"，健全党的组织生活各项制度，通过组织集中学习、定期开展主题党日活动、经常开展谈心谈话、组织党员教师与非党员教师结对联系等，充分发挥教师党支部的战斗堡垒作用和党员教师的先锋模范作用。涉及教师利益的重要事项、重点工作，应征求教师党支部意见。

三、大力提升教师职业道德素养

7. 突出课堂育德，在教育教学中提升师德素养。充分发挥课堂主渠道作用，引导广大教师守好讲台主阵地，将立德树人放在首要位置，融入渗透到教育教学全过程，以心育心、以德育德、以人格育人格。把握学生身心发展规律，实现全员全过程全方位育人，增强育人的主动性、针对性、实效性，避免重教书轻育人倾向。加强对新入职教师、青年教师的指导，通过老带新等机制，发挥传帮带作用，使其尽快熟悉教育规律、掌握教育方法，在育人实践中锤炼高尚道德情操。将师德师风教育贯穿师范生培养及教师生涯全过程，师范生必须修学师德教育课程，在职教师培训中要确保每学年有师德师风专题教育。

8. 突出典型树德，持续开展优秀教师选树宣传。大力宣传新时代广大教师阳光美丽、爱岗敬业、甘于奉献、改革创新的新形象。深入挖掘优秀教师典型，综合运用授予荣誉、事迹报告、媒体宣传、创作文艺作品等手段，充分发挥典型引领示范和辐射带动作用。开展多层次的优秀教师选树宣传活动，形成校校有典型、榜样在身边、人人可学可做的局面。组织教师中的"时代楷模"、全国教书育人楷模、国家教学名师、最美教师等开展师德宣讲。鼓励各地各校采取实践反思、情景教学等形式，把一线优秀教师请进课堂，用真人真事诠释师德内涵。

9. 突出规则立德，强化教师的法治和纪律教育。以学习《中华人民共和国教师法》、新时代教师职业行为十项准则系列文件等为重点，提高全体教师的法治素养、规则意识，提升依法执教、规范执教能力。制订教师法治教育大纲，将法治教育纳入各级各类教师培训体系。强化纪律建设，全面梳理教师在课堂教学、关爱学生、师生关系、学术研究、社会活动等方面的纪律要求，依法依规健全规范体系，开展系统化、常态化宣传教育。加强警示教育，引导广大教师时刻自重、自省、自警、自励，坚守师德底线。

四、将师德师风建设要求贯穿教师管理全过程

10. 严格招聘引进，把好教师队伍入口。规范教师资格申请认定，完善教师招聘和引进制度，严格思想政治和师德考察，充分发挥党组织的领导和把关作用，建立科学完备的标准、程序，坚决避免教师招聘引进中的唯分数、唯文凭、唯职称、唯论文、唯帽子等倾向。鼓励有条件的地方和学校结合实际探索开展拟聘人员心理健康测评，作为聘用的重要参考。严格规范教师聘用，将思想政治和师德要求纳入教师聘用合同。加强试用期考察，全面评价聘用人员的思想政治和师德表现，对不合格人员取消聘用，及时解除聘用合同。高度重视从海外引进人才的全方位考察，提升人才引进质量。

11. 严格考核评价，落实师德第一标准。将师德考核摆在教师考核的首要位置，坚持多主体多元评价，以事实为依据，定性与定量相结合，提高评价的科学性和实效性，全面客观评价教师的师德表现。发挥师德考核对教师行为的约束和提醒作用，及时将考核发现的问题向教师反馈，并采取针对性举措帮助教师提高认识、加强整改。强化师德考核结果的运用，师德考核不合格者年度考核应评定为不合格，并取消在教师职称评聘、推优评先、表彰奖励、科研和人才项目申请等方面的资格。

12. 严格师德督导，建立多元监督体系。完善多方广泛参与、客观公正科学合理的师德师风监督机制。加强政府督导，将各级各类学校师德师风建设长效机制落实情况作为对地方政府履行教育职责评价的重要测评内容，针对群众反映强烈的问题、师德师风问题多发的地方开展专项督导。加强学校监督，各级各类学校

要在校园显著位置公示学校及教育主管部门举报电话、邮箱等信息，依法依规接受监督举报。强化社会监督，探索建立师德师风监督员制度，定期对学校师德师风建设情况进行监督评议，向教育主管部门反馈，将监督评议情况作为学校及领导班子年度考核的重要内容。

13. 严格违规惩处，治理师德突出问题。推动地方和高校落实新时代教师职业行为十项准则等文件规范，制定具体细化的教师职业行为负面清单。把群众反映强烈、社会影响恶劣的突出问题作为重点从严查处，针对高校教师性骚扰学生、学术不端以及中小学教师违规有偿补课、收受学生和家长礼品礼金等开展集中治理。一经查实，要依规依纪给予组织处理或处分，严重的依法撤销教师资格、清除出教师队伍。建立师德失范曝光平台，健全师德违规通报制度，起到警示震慑作用。建立并共享有关违法信息库，健全教师入职查询制度和有关违法犯罪人员从教限制制度。

五、着力营造全社会尊师重教氛围

14. 强化地位提升，激发教师工作热情。制定教育改革发展和教师队伍建设重大决策、重要文件充分听取教师代表意见。各地重要节庆日活动，邀请优秀教师代表参加。做好优秀教师表彰奖励，依法依规在作出重大贡献、享有崇高声誉的教师中开展"人民教育家"荣誉称号评选授予工作，健全教书育人楷模、模范教师、优秀教师等多元的教师荣誉表彰体系。完善表彰奖励及管理办法，依法依规确定荣誉获得者享受的政治、生活待遇，加强对荣誉获得者后续支持服务。

15. 强化权利保护，维护教师职业尊严。维护教师依法执教的职业权利，推动完善相关法律法规，明确教师教育管理学生的合法职权，研究出台教师惩戒权办法。学校和相关部门依法保障教师履行教育职责，对无过错但客观上发生学生意外伤害的，教师依法不承担责任。教师尊严不可侵害，对发生学生、家长及其亲属等因为教师履职行为而对教师进行侮辱、谩骂、肢体侵害，或者通过网络对教师进行诽谤、恶意炒作等行为，有关部门要高度重视，从严处理，构成违法犯罪的，依法追究相应责任。学校及教育部门应为教师维护合法权益提供必要的法律等方面支持。

16. 强化尊师教育，厚植校园师道文化。从幼儿园开始加强尊师教育，加快形成接续我国优秀传统、符合时代精神的尊师重教文化。推进尊师文化进教材、进课堂、进校园，通过尊师第一课、9月尊师主题月等形式，将尊师重教观念渗透进学生的价值体系。有条件的地方和学校可结合实际统筹有关资源，因地制宜安排一线教师特别是长期从教教师进行疗休养，重点向符合条件的班主任和乡村教师倾斜。做好教师荣休工作，礼敬退休教师，弘扬尊师风尚。建立健全教职工代表大会制度，保障教师参与学校决策的民主权利。加强家庭教育，健全家校联系制度，引导家长尊重学校教育安排，尊敬教师创造发挥，配合学校做好学生的学习教育。

17. 强化各方联动，营造尊师重教氛围。加强展现新时代教师风貌的影视文学作品创作，善用微博、微信、微视频、微电影等新媒体形式，传递教师正能量，让全社会广泛了解教师工作的重要性和特殊性。支持鼓励行业企业在向社会公众提供服务时"教师优先"。鼓励图书馆、博物馆、科技馆、体育场馆以及历史文化古迹和革命纪念馆（地）等对教师实行优待。鼓励社会团体、企业、民间组织对教师出资奖励，或通过依法成立基金、设立项目等方式，支持教师提升能力素质、进行疗休养或予以奖励激励。

六、推进师德师风建设任务落到实处

18. 加强工作保障，强化责任落实。各地各校要把加强师德师风建设、弘扬尊师重教传统作为教师队伍建设的首要任务，夯实学校主体责任，压实学校主要负责人第一责任人责任。高校要强化党委教师工作部建设，明确将教师思想政治和师德师风建设作为其主要职责。各地各校要建立健全责任落实机制，坚持失责必问、问责必严。财政部门要坚持将教师队伍建设作为教育投入重点予以优先保障，按规定统筹现有资金渠道支持师德师风建设。依托现有资源，建设一批师德师风建设基地，加强工作支撑，提高师德师风建设工作的科学性、实效性。

教育部等五部门印发
《关于加强新时代中小学思想政治理论课
教师队伍建设的意见》的通知

教师函〔2019〕8号

各省、自治区、直辖市教育厅（教委）、党委组织部、党委宣传部、财政厅（局）、人力资源社会保障厅（局），新疆生产建设兵团教育局、党委组织部、党委宣传部、财政局、人力资源社会保障局：

为加强中小学思想政治理论课教师队伍建设，教育部、中央组织部、中央宣传部、财政部、人力资源社会保障部根据《中共中央 国务院关于全面深化新时代教师队伍建设改革的意见》和《中共中央办公厅 国务院办公厅印发〈关于深化新时代学校思想政治理论课改革创新的若干意见〉的通知》，研究制定了《关于加强新时代中小学思想政治理论课教师队伍建设的意见》，已经中央领导同志同意，现印发给你们，请结合实际认真贯彻执行。

教育部　中央组织部　中央宣传部
财政部　人力资源社会保障部
2019 年 9 月 18 日

关于加强新时代中小学思想政治理论课教师队伍建设的意见

中小学思想政治理论课（以下简称思政课）是落实立德树人根本任务的关键课程，办好中小学思政课关键在中小学思政课教师。为贯彻落实《中共中央　国务院关于全面深化新时代教师队伍建设改革的意见》和《中共中央办公厅　国务院办公厅印发〈关于深化新时代学校思想政治理论课改革创新的若干意见〉的通知》，现就加强新时代中小学思政课教师队伍建设提出如下意见。

一、准确把握中小学思政课教师队伍建设时代要求

1. 现实紧迫性。中小学阶段是学生世界观、人生观、价值观形成的关键时期。讲好中小学思政课，引导中小学生扣好人生第一粒扣子，是每位中小学思政课教师的神圣职责和光荣使命。近年来，中小学思政课教师队伍建设取得了显著成绩，同时也面临一些问题与挑战。有的地方和学校对中小学思政课教师队伍建设重视不够；有的中小学校思政课教师配备不足，岗位吸引力不强；部分中小学思政课教师的思想政治素质、专业素养和教育教学能力不能很好适应培养时代新人的要求；各方支持中小学思政课教师队伍建设的合力有待增强，等等。各级党委和政府及学校要从战略和全局的高度，深刻认识加强中小学思政课教师队伍建设的重要性和紧迫性，全面推进中小学思政课教师队伍建设。

2. 指导思想。以习近平新时代中国特色社会主义思想为指导，全面贯彻党的教育方针，坚持马克思主义指导地位，坚持社会主义办学方向，落实立德树人的根本任务，全面加强中小学思政课教师队伍建设，不断提高中小学思政课教师思想政治素质、师德修养、理论功底和专业素养，切实增强教师的职业认同感、荣誉感、责任感，充分发挥教师的积极性、主动性、创造性，为培养德智体美劳全面发展的社会主义建设者和接班人提供坚强保障。

3. 基本原则。一是坚持正确方向。引导中小学思政课教师坚定理想信念，提高政治站位，把提高思想政治素质放在首位。二是坚持师德为先。注重提高中小学思政课教师师德修养和道德水平，以高尚的人格引领学生健康成长。三是坚持优先保障。在编制配备、岗位设置、职称评聘、专业发展、评奖评优、经费投入等方面优先保障中小学思政课教师队伍。四是坚持改革创新。抓住制约中小学思政课教师队伍建设的突出问题，精准施策，综合发力。五是坚持统筹推进。立足中小学思政课教师队伍特点和发展实际，统筹各方力量，稳步推进中小学思政课教师队伍建设。

4. 目标任务。通过一系列政策举措，切实配齐建强师资队伍，打造一支政治强、情怀深、思维新、视野广、自律严、人格正，专职为主、专兼结合、数量充足、素质优良、名师辈出的中小学思政课教师队伍。中小学思政课教师思想政治素质、师德修养、马克思主义理论功底和思政课专业素养、教育教学能力大幅提高，铸魂育人实效显著增强。逐步形成评价合理、激励有效、保障有力的管理体制机制，中小学思政课教师成长发展通道更加顺畅，岗位吸引力明显增强。

二、切实加强中小学思政课教师队伍配备管理

5. 规范中小学思政课教师配备制度。完善编制保障，核定或调整中小学编制时应充分考虑思政课教师配备情况，严格按要求配齐思政课教师。小学低、中年级应配备一定数量的专职思政课教师，小学高年级思政课教师应以专职为主，有条件的地方可逐步提升专职配备比例。小学思政课教师可由班主任或相关课程教师兼任，小学党组织书记、校长、德育主任、大队辅导员等领导管理人员应在培训合格后兼任小学思政课教师。初中、高中应配齐专职思政课教师。实行中小学思政课特聘教师制度，聘请本地区党政干部、社科理论界专家、爱国主义教育基地负责同志以及各行业先进模范、英雄人物等定期到中小学讲课或作报告。

6. 健全中小学思政课教师准入制度。严把选聘政治关、师德关、业务关，让有理想的人讲理想，有信仰的人讲信仰，师德高尚的人讲思政课。规范遴选条件和程序，将政治立场坚定、为学为人表现良好、具有发展潜力的人才充实到中小学思政课教师队伍。鼓励高校思想政治教育、马克思主义理论、德育等相关专业毕业生从事中小学思政课教学工作。中小学校新进专职思政课教师须取得思政课教师资格。小学兼职思政课教师在上岗前应完成一定学时的专业培训，并考核合格。

7. 建立中小学思政课教师退出制度。中小学思政课教师应模范遵守《新时代中小学教师职业行为十项准则》等有关规定。对在教育教学活动中损害党中央权威、违背党的路线方针政策的，按相关要求从严处理，不得再从事教育教学工作。对违反职业道德行为的，除按相关规定处理外，须及时调离中小学思政课教师

岗位。对不能胜任思政课教学、未按要求完成培训学时的，应将其退出中小学思政课教师岗位。

三、全面提升中小学思政课教师素质能力

8. 加强中小学思政课教师队伍思想政治建设。组织中小学思政课教师深入学习习近平新时代中国特色社会主义思想，坚定正确政治方向，坚定理想信念。建立中小学思政课教师轮训制度，依托各级党校和高校马克思主义学院每 3 年对中小学思政课教师至少进行一次不少于 5 日的集中脱产培训，着力加强对马克思主义理论、师德师风、形势与政策的学习教育，并纳入在职（岗）培训学时记录。建立地方党政领导、教育主管部门领导和学校领导联系中小学思政课教师制度，定期开展谈心活动，关心教师思想动态和工作生活情况。加强党建引领，优先发展中小学思政课骨干教师入党，培养和选拔优秀党员教师担任思政课教师，不断提升中小学思政课教师党员比例。

9. 加强中小学思政课教师专业能力培训。制定出台中小学思政课教师专业标准，引领思政课教师提升专业水平。健全专题培训制度，重点加强中华优秀传统文化、革命文化、社会主义先进文化和相关学科知识的学习，促进中小学思政课教师不断更新知识储备。加强中小学思政课统编教材教法培训，引导教师准确把握小学、初中、高中不同学段思政课课程目标，提升教育教学能力。健全中小学思政课老中青教师传帮带机制，充分发挥优秀教师的示范引领作用，做好青年教师培养工作。通过国培计划加强中小学思政课教师培训，培养思政课"种子"教师。

10. 加强中小学思政课教师实践教育。建立健全实践教育和

校外实践锻炼制度，引导中小学思政课教师深刻把握世情、党情、国情、教情，厚植家国情怀、传道情怀和仁爱情怀。各中小学校要将思政课教师实践教育纳入年度工作计划，确保每位思政课教师每年参加实践教育活动不少于 2 次，其中参加外县（区、市）实践教育活动至少 1 次。定期组织中小学思政课骨干教师出国研修，在比较分析中坚定中国特色社会主义道路自信、理论自信、制度自信、文化自信。

11. 加强中小学思政课教师源头培养。加强高校思政教育相关专业建设，适度扩大招生规模，优化课程设置，改进培养方式，提升培养质量，培养一大批合格的思政教育专业本科生和研究生，加大中小学思政课教师队伍源头储备。支持师范院校不断完善中小学思政课教师培养体系，加大优质思政课教师供给。实施中小学思政课骨干教师提升计划，高校在研究生招生中给予中小学思政课教师专门名额，每年支持一批优秀中小学思政课教师在职攻读思政教育相关硕士、博士学位。

12. 加强中小学思政课教研队伍建设。健全各级中小学思政课教研机构，确保人员配备到位。加大从中小学思政课教师队伍选拔思政课教研员的力度，配齐建强中小学思政课教研队伍。对不能胜任中小学思政课教研工作的，应及时将其调整或退出教研岗位。健全中小学思政课教研员示范授课、巡回评课等制度，引领中小学思政课教师整体提升教学水平。支持中小学思政课教研员与思政课教师建立教研共同体，开展高质量教学研究和专项课题研究活动。

13. 推进大中小学思政课教师队伍专业发展一体化建设。发挥高校马克思主义学院辐射作用，主动对接中小学思政课教师队伍建设，开发专门培训项目，并鼓励教师走进中小学校开展教学实践。推动大中小学思政课教师专业发展一体化团队建设，每年遴选一批国家级示范团队，确保每个团队涵盖各学段思政课教师，定期开展大中小学思政课一体化教学研究活动。鼓励高校马克思主义学院与中小学开展结对活动，定期开展教学研讨、课程研究、教师实践教育等活动。

四、不断创新中小学思政课教师评价激励机制

14. 改革中小学思政课教师评价机制。制定与中小学思政课教师岗位特点相匹配的评价标准，突出课堂教学质量和育人实效的导向，拓宽教学成果和研究成果认定范畴，克服唯分数、唯升学、唯论文等弊端。保证中小学思政课教师开展时事教育和组织社会实践活动的时间，记入工作量。强化考核评价结果运用，将考评结果作为中小学思政课教师职称评聘、绩效分配、评奖评优、培养培训的依据。完善中小学思政课教师职称评聘标准和办法，可实行单列评审，中、高级职称评审比例不低于教师平均水平，并向一线教师倾斜。

15. 完善中小学思政课教师教学改革激励机制。鼓励中小学思政课教师加强对学生成长规律和教学改革的研究，积极推进案例式、探究式、体验式、互动式等教学，树立教学改革标兵，激励教师聚焦育人实效苦练内功。鼓励中小学思政课教师运用现代信息技术等手段，提升教学效果。鼓励支持各地各中小学校组织开展思政课教师教学比赛，开展优秀教学设计评选活动，结合校本实际开展教改教研，以赛促优、以研提质，引导广大思政课教师不断提高教育教学水平。推进国家级中小学思政课名师工作室

建设。

16. 健全中小学思政课教师表彰奖励机制。鼓励各地各中小学校定期开展思政课教师主题宣传活动，表彰思政课教师年度人物，选树优秀思政课教师先进典型。在全国模范教师、教学名师、国家级教学成果奖等评选推选活动中向中小学思政课教师倾斜。实施中小学思想政治教育杰出人才支持计划，评选一批国家级中小学思政课名师和骨干教师，并给予相应支持。各地要因地制宜设立中小学思政课教师岗位津贴，纳入绩效工资管理，相应调整学校绩效工资总量。

五、全力确保中小学思政课教师队伍建设取得实效

17. 加强党的领导。各地各学校要把中小学思政课教师作为人才队伍建设的重要组成部分，制定出台落实本文件的具体实施办法。各地组织、宣传、编制、财政、人力资源社会保障、教育等部门要主动为中小学思政课教师队伍建设提供支持和保障。中小学校党组织书记、校长要带头走进课堂，带头推动思政课建设，带头联系思政课教师。

18. 强化经费保障。各地各学校要将中小学思政课教师队伍建设作为教师队伍建设的重中之重，把中小学思政课建设所需经费纳入年度预算，重点支持中小学思政课教师学术交流、专业发展、宣传表彰、实践研修等。

19. 完善督导评估。健全中小学思政课教师队伍建设督导评估机制，把思政课教师队伍建设情况作为对各地、各级教育督导和绩效考核的重点内容，确保中小学思政课教育教学任务保质保量完成。建立并完善各相关部门考核机制，将中小学思政课教师

队伍建设作为对领导班子、干部考核的重要指标。

20. 促进社会参与。各有关党政机关和企事业单位要为中小学思政课教师实践锻炼提供机会。各级党校、高校马克思主义学院、干部培训学院等应发挥自身优势，为中小学思政课教师开发有针对性的教育培训项目。各爱国主义教育基地、博物馆等应为中小学思政课教师实践教育提供便利。充分调动社会力量参与中小学思政课教师队伍建设的积极性，拓展教师发展平台和资源。

参考文献

1.《列宁选集》第 4 卷，人民出版社 1995 年版。

2.《毛泽东选集》第 2 卷，人民出版社 1991 年版。

3.《毛泽东选集》第 3 卷，人民出版社 1991 年版。

4.《邓小平文选》第 2 卷，人民出版社 1994 年版。

5. 习近平：《在北京大学师生座谈会上的讲话》，人民出版社 2018 年版。

6. 习近平：《决胜全面建成小康社会　夺取新时代中国特色社会主义伟大胜利——在中国共产党第十九次全国代表大会上的报告》，人民出版社 2017 年版。

7.《习近平谈治国理政》第二卷，外文出版社 2017 年版。

8. 习近平：《在全国党校工作会议上的讲话》，人民出版社 2016 年版。

9. 习近平：《把思想政治工作贯穿教学全过程　开创我国高等教育事业发展新局面》，《人民日报》2016 年 12 月 9 日。

10. 习近平：《做党和人民满意的好老师——同北京师范大学师生代表座谈时的讲话》，《人民日报》2021 年 9 月 10 日。

11.《习近平在全国教育大会上强调：坚持中国特色社会主义教育发展道路　培养德智体美劳全面发展的社会主义建设者和接班人》，《人民日报》2018 年 9 月 11 日。

12. 习近平：《做党和人民满意的好老师——同北京师范大学师生代表座谈时的讲话》，《人民日报》2014 年 9 月 10 日。

13. 张新平、佘林茂：《对教育高质量发展的三重理解》，《中国教育报》2021 年 3 月 18 日。

14.《2020 年全国教育事业统计主要结果》，教育部网 2021 年 3 月 1 日。

15. 李斌雄、任韶华：《新时代中小学校党建工作的价值、问题及其解决路径》，《北京教育学院学报》2019 年第 5 期。

16. 陈学恂：《中国教育近代史教学参考资料》（中册），人民教育出版社 1998 年版。

17. 杜全平：《打通中小学校党建攻坚的关键"最后一米"——山东省潍坊市高新区破解党建与教育"两张皮"的实践》，《人民教育》2019 年第 18 期。

18. 褚宏启：《教育治理：以共治求善治》，《教育研究》2014 年第 10 期。

19. 江家城、寇清杰：《新时代基层党组织组织力的内涵解析、生成逻辑与提升路径》，《党政研究》2019 年 7 月。

20. 中共中央文献研究室编：《十八大以来重要文献选编》上，中央文献出版社 2014 年版。

21. 张婷、王凯：《关于教师职业道德认知的三重区分》，《上海教育科研》2018 年第 2 期。

22. 刘丽华、叶丹：《关于农村中小学教师师德建设的思考》，《湖北经济学院学报》2006 年第 7 期。

23. 周文彰、岳凤兰：《"四个统一"是师德师风建设的时代要求》，人民论坛网 2018 年 3 月 12 日。

24. 陶行知：《陶行知全集》，中国教育科学出版社 2010 年版。

25. 齐卫平：《建设马克思主义学习型党组织的若干问题研究》，《学习论坛》2011 年第 5 期。

26. 上海市党建研究会课题组：《创新型马克思主义执政党建设

研究》，《党政论坛》2014年第2期。

27. 张荣臣：《中国共产党对党的作风建设的探索和制度化进程》，《中国党政干部论坛》2013年第12期。

28. 习近平：《坚持从严治党落实管党治党责任　把作风建设要求融入党的制度建设》，《人民日报》2014年7月1日。

后 记

中小学校担负着培养德智体美劳全面发展的社会主义建设者和接班人的重要使命。新时代，加强中小学校党的建设，对于全面贯彻党的教育方针、保证社会主义办学方向、落实立德树人根本任务、办好人民满意的教育具有重要意义。

《论语》有云，"己欲立而立人，己欲达而达人"。在成就自己的同时，帮助无数生命的成长，教师这一职业，正是立己达人的最佳诠释。作为一名教师，理应记住：教育人、造就真正的人，是职业，也是使命。

心有方向，行有定力。作为一名中小学教育工作者，从业20多年来，我不忘立德树人初心，牢记为党育人、为国育才使命，积极探索为师之道、学生成长之道。我时刻提醒自己，青少年阶段是人生的"拔节孕穗期"，是人生观、世界观、价值观形成的关键时期。这一时期最需要有人引导学生扣好人生第一粒扣子。我希望所有的学生都能具有高尚的品德，既能全面发展，又有突出特长。我深信，对于孩子们来说，爱国是终身最深的情感；信念是前行最硬的支撑；自律是人生最优的品格；真诚是做人最大的智慧；善良是交往最高的情商；感恩是身心最好的养护；包容是彼此最佳的心胸；尊重是相处最美的表情；情怀是干事最强的动力；创新是生命最活的源泉；奋斗是青春最亮的底色；自信是内心最贵的品质；平淡是生活最浓的色彩；心态是幸福最快的感受；行动是成功最利的武器；格局是事业最厚的功底。

党的十九届五中全会对未来五年乃至 2035 年教育工作作出了重大部署，提出了建设高质量教育体系的明确要求。作为中小学教育工作者，站在"两个一百年"历史交汇点上，我们要以习近平新时代中国特色社会主义思想为指导，进一步发挥中小学校党组织在学校中的政治引领作用，把握学校发展方向，参与决定重大问题并监督实施，支持和保证校长依法行使职权，领导学校德育和思想政治工作，培育和践行社会主义核心价值观，维护各方合法权益，推动学校高质量发展，为"十四五"乃至更长远的经济社会发展提供战略支撑。

本书以习近平总书记关于中小学教育的系列重要论述精神和中共中央组织部、中共教育部党组关于印发《关于加强中小学校党的建设工作的意见》的通知（中组发〔2016〕17 号）精神为指导，结合自己在人大附中和人大附中朝阳学校工作 20 多年来的实践与思考，探讨"在全面建设社会主义现代化国家新征程中怎样办好中小学教育"这一重大问题，提出"高质量党建引领中小学立德树人"这一重要命题，既为向党的百年华诞献上一位教育工作者的"思想礼物"，也想抛砖引玉，与同行和社会各界读者共同探讨。由于个人水平有限，书中如有一些考虑不成熟之处，也请大家批评指正。

作　者
2021 年 5 月于北京